朝鮮半島という災厄

北朝鮮処分の全内幕

ケント・ギルバート、遠藤誉、高永喆 ほか

宝島社

はじめに

「ミサイルは発射した瞬間に、どの方向へ、どれくらいの距離を飛ぶのか、瞬時に測定できます。あとは、そのミサイルが視界に入った瞬間、狙い打てばいいのです」

以前、イージス艦の乗組員だった人から聞いた話である。そのとき、彼は、そんなことは常識であるかのように、淡々と話していた。

実際はどうなのであろうか。自衛隊は北朝鮮の災厄であるミサイルを迎撃することができるのだろうか。いや、そもそも北朝鮮は日本にミサイルを撃ってくるのか。いや、それ以前に38度線を越えて、北朝鮮が韓国に進出する意図はあるのだろうか。

一方のトランプのアメリカはどうなのか。北朝鮮の核ミサイルと大陸間弾道ミサイルの実戦配備はさせないと息巻いているが、果たしてどこまでやる気でいるのか。アメリカは、冷戦時代にソ連と軍拡競争をして、勝ち抜いてきた経験がある。小国の北朝鮮が核を10発や20発持ったところで、たいした問題ではないように思える。

世界にはパキスタンをはじめ、中国、ロシア、インドと、アメリカとは一定の距離を置いている国々が、多くの核兵器を持っている。しかし、現在、それらの国に対して北朝鮮のような恫喝をしてはいない。アメリカはどこまで本気なのだろうか。

そんな、アメリカを見透かしてか、金正恩《キムジョンウン》の北朝鮮は、7月4日のアメリカ合衆国の独立記念日に大陸間弾道ミサイル（ＩＣＢＭ）の実験をした。まるで、ヤクザの喧嘩である。わざわざ相手の記念日にぶつけて、一番嫌がることをする。

しかし、なぜ、北朝鮮はそこまでやれる自信があるのだろうか。その源泉はどこからくるのだろうか。

さらに厄介なことに、朝鮮半島の南には文在寅《ムンジェイン》の韓国が誕生した。彼は親北派といわれる。本来ならば、韓国は米韓同盟を結んでおり、北朝鮮とは対立している。ミサイル実験を繰り返す北朝鮮に対して、もっと声高に批判してもいいはずだが、お茶を濁すほどの批判声明を出すくらいで終わっている。

いやそれどころか、文在寅は金正恩に、平昌《ピョンチャン》のオリンピックに一緒になって代表を送ろうと提案しているくらいだ。そして、ソウルの市民も、国内の大統領選挙ではあれほど盛り上がったのに、北朝鮮のミサイルに対しては、どこ吹く風の状態である。それより、韓国国民の中には、反日活動のほうが、大切な人たちも多くいるようだ。

文在寅は朴槿恵《パククネ》に振り上げたこぶしを、今度は北朝鮮の金正恩ではなく、日本に振り下ろすつもりなのだろうか。そうなったら、本当の災厄である。

朝鮮半島をめぐる状況は本当に混沌としている。

本書では、このような朝鮮半島の状況を、冷静に分析、解説していきたい。朝鮮半島の問題は多岐に渡る。したがって、多くの識者の方に、その専門分野から朝鮮半島の問題について、解説していただいた。

国際関係について大学で教鞭をとる遠藤誉氏、高永喆氏、中村逸郎氏、荒木和博氏。金正男についての著作のある五味洋治氏、産経ソウル支局長だった加藤達也氏、ジャーナリストの時任兼作氏。そして、北朝鮮の収容所についての著作のある三浦小太郎氏、朝鮮半島問題では多くの報道番組に出演している辺真一氏、韓国人の分析をした本を出したケント・ギルバート氏。

さらに、米朝戦争の危機については元陸上自衛隊幹部の山口昇氏、伊東寛氏。沖縄での韓国人の反日活動については惠隆之介氏、金王朝三代の系譜については田中健之氏に執筆していただいた。

匿名では、北朝鮮取材をした記者、そして軍事ジャーナリストも貴重な情報を提供してくれている。

本書が、アメリカ、ロシア、中国、そして日本が、どのように北朝鮮に対峙しようとしているのか、さらに朝鮮半島はどこへ行こうとしているのか、読者が見極める参考になれば幸いです。

『朝鮮半島という災厄』編集部　小林大作

朝鮮半島という災厄　目次

はじめに……1

第1章
始まるか！　米朝戦争

「ソウルを火の海に」と頻繁に威嚇……10
高まる北朝鮮暴発の脅威　「有事」における国防シナリオ
元陸上自衛隊研究本部長（陸将）　山口　昇

なぜ北朝鮮はミサイル発射を繰り返すのか……24
1に実験、2に威嚇、そして3はミサイルを売るためだ！
拓殖大学客員研究員（韓国統一振興院専任教授）　高　永喆

コラム　金正恩斬首作戦は可能か……38
アメリカの特殊部隊には荷が重過ぎる斬首作戦
軍事ジャーナリスト（匿名）

世界の脅威となる北朝鮮の新たな兵器……46
進化する北朝鮮のサイバー攻撃　狙われる各国
元陸上自衛隊初代システム防護隊隊長　伊東寛

第2章 北朝鮮をめぐる各国の思惑

トランプ大統領と習近平国家主席が交わした密約……62
北朝鮮をめぐる中国とアメリカの思惑
東京福祉大学国際交流センター長／筑波大学名誉教授　遠藤誉

北朝鮮に物資を送り続けるロシアの思惑とは……80
北朝鮮問題の本当のキーマンはロシアのプーチンだ！
筑波大学人文社会系教授　中村逸郎

強国として栄えた記憶を持たない朝鮮半島
地政学が明らかにする朝鮮半島が不幸な理由……94
拓殖大学海外事情研究所教授　荒木和博

日本の官邸は北朝鮮をどう分析しているのか
危機管理専門家が描いた驚愕の朝鮮動乱勃発のシナリオ……106
ジャーナリスト　時任兼作

第3章 北朝鮮という災厄

整然とした平壌の街並み、清潔なトイレ、普及するスマホ…
北朝鮮取材の裏側に迫る！　金正恩の妹の意外な素顔……122
インタビュー　ジャーナリスト　岡京太郎（仮名）

粛清の果てに確立した、社会主義では異例の〝王朝〟
金日成・金正日・金正恩、三代の系譜……142
ロシア科学アカデミー東洋学研究所客員研究員　田中健之

「北朝鮮亡命政府」トップ候補の若きエリート……162
金正男の息子、ハンソルは中国国内にいる!?
東京新聞編集委員　五味洋治

飢餓や拷問、暴力、強制労働でほとんどの収容者が死に至る……178
北朝鮮政治犯収容所
金体制を支える恐怖のシステム
評論家　三浦小太郎

第4章
韓国という災厄

体験的韓国人論……194
日本が大好きなのに儒教と反日教育で
好きとはいえない韓国人の悲劇
米カリフォルニア州弁護士　ケント・ギルバート

北朝鮮との関係は？　日本との関係はどうなる！……206
文在寅政権の韓国はどこへ向かうのか？
拓殖大学客員研究員（韓国統一振興院専任教授）　高　永喆

文在寅はどんな人物か……216
二つの顔を持つ政治家　冷徹な「庶民派」（？）文在寅
産経新聞編集委員　加藤達也

いつまで金正恩におべっかを使うのか文在寅！……230
金正恩に振られても、秋波を送る文在寅
『コリア・レポート』編集長　辺　真一

朝鮮半島の災厄が沖縄にやってきた……244
沖縄はやがて韓国・朝鮮の租界になる
シンクタンク「沖縄・尖閣を守る実行委員会」代表　惠隆之介

第1章

始まるか！　米朝戦争

「ソウルを火の海に」と頻繁に威嚇

高まる北朝鮮暴発の脅威「有事」における国防シナリオ

元陸上自衛隊
研究本部長（陸将）
山口昇

――弾道ミサイルの迎撃、在韓邦人の救出はどうなるか

朝鮮半島で有事が勃発した場合、はたしてどのような事態が想定できるのか、そのシナリオを事前に描くのは、ほとんど不可能と言えるくらいに困難です。

したがって、あくまで想像の世界でイメージするしかないわけですが、どのような展開になったとしても、日本や韓国がまったくの無傷で終わることは、ほぼ不可能と言うことはできるでしょう。

まず、基本的な原則からみていきますと、韓国と北朝鮮の国境は「38度線」沿いの軍事境界線で、ここを境に南北に幅約２㎞ずつ、計約４㎞の非武装中立地帯（ＤＭＺ）が設定されています。この非武装地帯の南40㎞ほどの位置に、全国民の約２割が住む人口密集地域、すなわち首都の

ソウル特別市があります。

日本と同様に、都市部への一極集中が顕著な韓国ですが、近年はドーナツ化現象が進み、周辺の仁川《インチョン》広域市や京畿道《キョンギド》へも住民が流れているといわれ、これらの地域までを含めれば、韓国の人口の5割近くが、ソウル周辺の「都市圏」に集中していることになります。

つまり、いつ戦争が起きるかもしれない休戦ラインの比較的近くに、国民の半分が住んでいるのが韓国というわけです。

一方、軍隊の規模は、北朝鮮が約120万人、韓国が60万人と言われており、量だけを見れば圧倒的に北朝鮮のほうが多いわけですが、韓国は米国と1950年に軍事同盟を結んで以降、兵器の近代化も進めてきましたし、90年代からは経済が発展したこともあり、質を含めた軍事力で比較すれば米韓軍のほうが十分に勝っているとみていいでしょう。

過去の朝鮮戦争では、1950年6月に北朝鮮が38度線を越えて南側へ侵攻し、3か月ほどで朝鮮半島をほぼ制圧。臨時首都となった釜山は陥落しかけ、日本としても対馬が第一線となるような緊迫した事態になりかけました。

ただ、前述したように現在の軍事力は韓国のほうが上ですし、米軍の支援もありますので、仮に両国が戦うことになったとしても、そのような劣勢に一方的に追い込まれる可能性は極めて低いと見ていいでしょう。

こうした中、有事になった場合に、韓国にとってもっとも脅威となる存在の一つが、北朝鮮の長距離砲です。北朝鮮軍はDMZ沿いに、240㎜多連装ロケットや170㎜自走砲などの長射程火砲を常時配備していると見られ、ソウルを含む都市圏の多くがその射程にすっぽりと入っています。

英国の国防戦略研究所（IISS）が世界の軍事情勢を分析した報告書「The Military Balance」（ミリタリー・バランス）によると、北朝鮮が保有する火砲やロケット砲の総数は21000とされています。

もちろん、この中には2～3㎞しか砲弾が飛ばないものや、近代戦ではほぼ使い物にならないものも含まれていると思われますが、それでも3000前後の有効な火砲を保有し、300～500の長距離砲が配備されていると見られています。

韓国メディアの聯合ニュースは2016年4月24日、「ロケット砲300門を同時に発射すれば、約9000～1万2000発が韓国の領土に落下する。北朝鮮が頻繁に『ソウルを火の海にする』と威嚇するのは、こうしたロケット砲による攻撃を念頭に置いている」と危機的に報じています。

米軍と韓国軍による反撃のシナリオ

こうした中、いざ有事になった際に米軍と韓国軍が第一にとる戦略が、敵防空網制圧（SEAD）と呼ばれる作戦で、つまりは北朝鮮の制空権を抑えにかかるやり方です。

これと同時に韓国にとって脅威となる火砲。ロケット砲、弾道ミサイルなどの制圧にかかると考えられます。北朝鮮の砲兵は、通常は地下へ配備されて居場所を見えなくしていますが、米軍が上空から衛星で常に監視していますし、ひとたび地上に出て射撃すれば、たとえばレーダーで弾道を2、3カ所押さえることで、発射地点はピンポイントで特定されます。つまり、撃った途端に米韓軍から即座に撃ち返しが行われるということです。

まずは、海上から空母や巡洋艦・駆逐艦、ミサイル原潜などが、精密誘導で最大1000発規模のトマホーク（巡行ミサイル）を発射すると考えられます。

トマホークは低空飛行で目標に向かって正確に飛んでいき、国境沿いの長距離砲や対空火砲、さらにはレーダー、ミサイル基地などを爆撃していきます。空からはB2ステルス爆撃機なども使われるかもしれません。

こうして制空権をある程度抑えたら、F－15Eストライク・イーグルやホーネット戦闘機などが比較的自由に平壌を攻撃し、イラクやアフガニスタンで使われたJDAM（ジェイダム＝統合直接攻撃弾）が投下されることも考えられます。

これは、内部に組み込まれたGPS受信機により数メートルの精度で目標を捉える誘導爆弾で、このJDAMが100～1000発単位で使われる可能性は考えられます。

やがて北朝鮮の防空兵力が消耗し、ほぼ何もできない状態になれば、MOAB（大規模爆風爆弾）という米軍最大の非核爆弾がダメ押しで使用されるかもしれません。

全長9m、総重量9・8tの超大型爆弾で、その威力はトマホーク20発分。大きすぎて爆撃機には乗らないため、C－130輸送機などの後方ドアから、パラシュートで引き出して投下します。こちらも誘導システムを搭載しているため命中精度はピンポイントです。地上に落下する直前の地上1、2mの位置で爆発を起こし、水平方向に数㎞の範囲で衝撃波が広がります。まるで小さめの核爆弾のような威力を発揮します。地下壕や洞窟、地下トンネルなどを破壊するのにも有効ですので、わずかに残された地下の砲兵も壊滅的な被害を受けることになるでしょう。

このMOABは、2017年4月13日に、アフガニスタンでIS（イスラム国）の拠点を空爆した際に初めて実戦で使用され、このときは一部メディアが「北朝鮮への警告の意味もあったのではないか」と報じています。

米クリントン政権下で中止になった北朝鮮空爆計画

このように、総合的な軍事力は圧倒的に米韓が勝っているわけですが、では国境を接している韓国が犠牲者を出さずに無傷で戦闘を終えられるかというと、それもまた不可能と言わざるを得ません。

前述したとおり、北朝鮮の長距離砲は地下に配備されていますが、かなり深く穴を掘ったような状態であれば、いくらトマホークを連発しても、これら全てをあっという間に破壊するのは簡単ではありません。当然、撃ち漏らしも出てくるでしょう。

問題はどの程度を撃ち漏らすかということで、撃ち漏らした相手の砲兵から撃ち返される韓国の被害が、一体どれくらいになるかを予測するのは困難です。ソウルは国境から40㎞しかありませんから、逃げ遅れる人が多ければ、数十万規模かそれ以上の被害者も考えられます。

北朝鮮からは工作員も韓国へ潜り込んでいますし、これに同調する北朝鮮寄りの組織も韓国にはありますから、そうした勢力が韓国内部から組織的にテロ行為に走ることも考えられます。いずれにせよ、戦争が始まれば無傷というわけにはいきません。

過去を振り返ると、米国はクリントン大統領時代の1994年、北朝鮮の核関連施設をサージカルアタック（局部攻撃）する計画を立てたのですが、そのときは北朝鮮軍の反撃で発生する死傷者が60万人に達するとの試算が米政権から出され、当時の韓国の金泳三《キムヨンサム》大統領が、クリントン大統領に猛反対して空爆が中止になったと言われています。

もちろん、100人や200人なら死んでもいいというわけではありませんが、やはり万単位の市民が犠牲になるということになってしまうと、韓国も米軍も自分たちから先に手を出すことは、現実問題としてなかなかできないでしょう。考えられるのは、国境沿いの暴発や小競り合いが、結果として戦局を広げてしまうことです。

弾道ミサイル迎撃の精度は

米韓の軍隊が北朝鮮を攻撃すれば、日本も報復の対象となる可能性は十分にあります。北朝鮮は弾道ミサイルを保有していますから、これが撃ち込まれたら迎撃しなければなりません。中距離ミサイルは日本を射程に収めていますし、これまでも何度も発射実験で日本の排他的経済水域内などに落下し、ときには日本の上空を超えて太平洋へ落下していることはご承知のとおりです。

もし北朝鮮が実験でなく、弾道ミサイルを本気で日本へ発射した場合、日本は自衛隊のミサイル防衛（ＭＤ）システムのもと、海上配備型迎撃ミサイル「ＳＭ３」（スタンダードミサイル）と、陸上配備型の地対空誘導弾パトリオット（ＰＡＣ３）の二段構えで迎撃する体制をとっています。

具体的には、米国の早期警戒衛星（ＳＥＷ）が北朝鮮のミサイル発射を捉え、ただちに防衛省へ連絡が届き、海自のイージス艦や国内レーダーがミサイルを追跡。イージス艦に搭載されているＳＭ３が、高さ１００㎞以上の大気圏外の位置で撃ち落しを試みます。

もし撃ち漏らしてしまった場合には、地上からＰＡＣ３が、大気圏に再突入した時点で、パトリオットで迎撃するという形です。

ただ、ＰＡＣ３は首都圏などの都市部を中心に配備されることが多く、上空の高度十数キロで

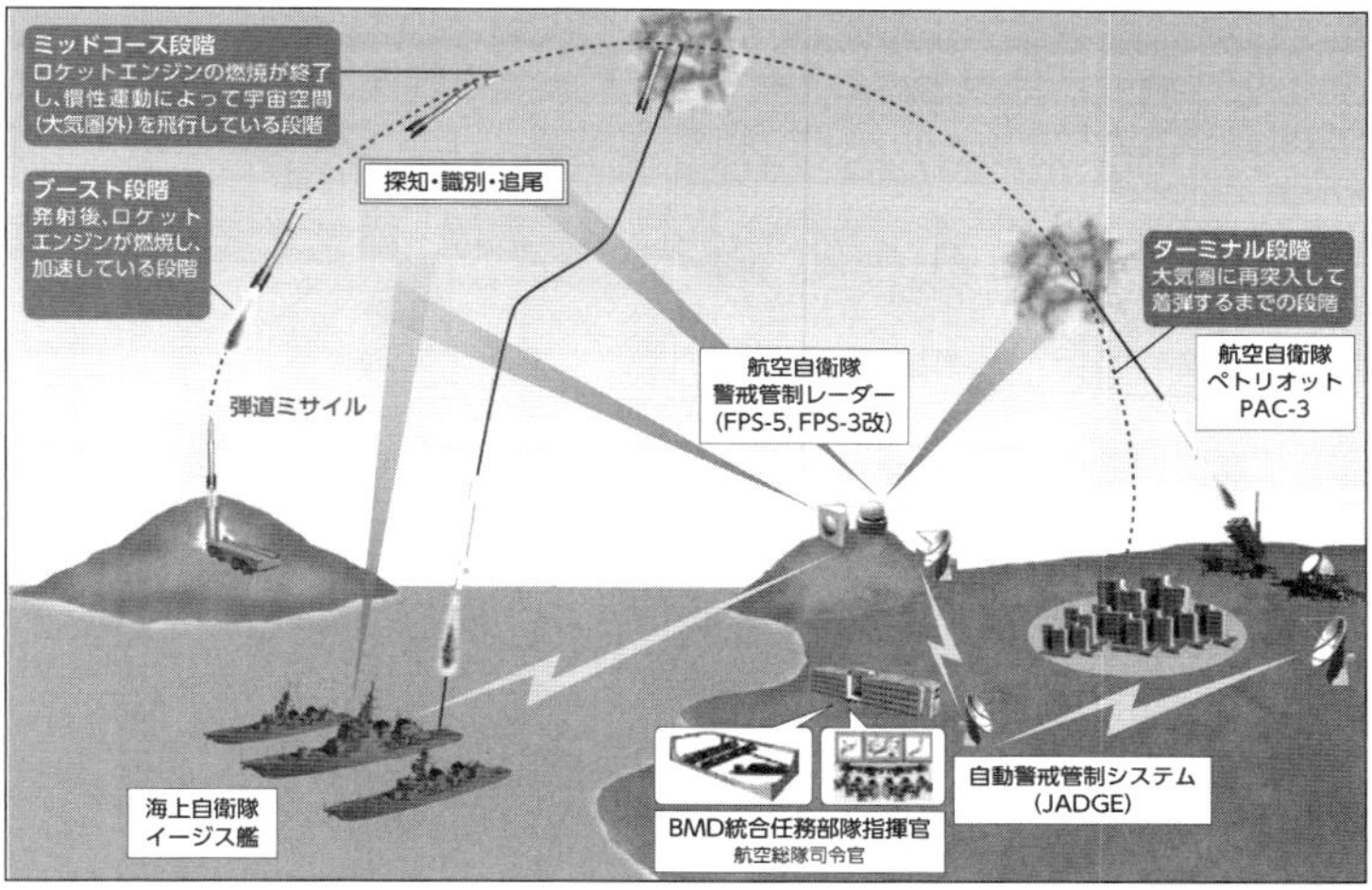

(防衛白書28年度版より)

迎え撃つため、仮に迎撃に成功したとしても、衝突した破片がかなりの範囲で上空から大量に降ってくる危険性も指摘されています。

また、韓国国防省は、北朝鮮がサリンやＶＸガス、マスタードなど約２５００トン～５０００トンの生物化学兵器を保有していると見ており、これらを搭載したスカッドやノドンが、東京へ向けて発射される可能性も否定できません。

これについて政府は２０１７年4月、迎撃に成功すれば「破壊時の熱等により、(サリンなどが)無力化される可能性が高く、仮にその効力が残ったとしても、落下過程で拡散し、所定の効果を発揮することは困難であると考えられる」との答弁書を閣議決定しました。

ただ、これはあくまで一般論と前置きしたうえでの政府見解であり、実際にそうなったときに、本当に細菌や化学物質が１００%無力化できるかどうかはわかりません。

また、迎撃する際の命中率は、SM3、PAC3ともに80%以上ともいわれ、かなりの精度が期待できるとの声もありますが、これも100%というわけにはいきません。ということは、何発かは日本の国土へ撃ち込まれ、多数の犠牲者が出る可能性があるということです。

そもそも、ミサイル防衛で重要なのは「どこまで撃ち落とせるか」という点にあり、一つのシステムで100発100中を実現することは、どれほど技術が進んでも現実には不可能です。これは自衛隊に限らず、世界中どこの軍隊にもいえることです。

その代わり、一回の迎撃の確率がもし8割であるならば、それを2回、3回と繰り返すチャンスがあれば、撃ち漏らす率を限りなくゼロに近づけていくことは可能です。

たとえば、仮に2発に1回しか当たらない迎撃ミサイルがあった場合、一発目で50%の確率で撃ち落とすことになりますから、ミサイルがこちらを撃ち込む確率も50%です。

2回目も50%で落としますから、撃ち込まれる確率はトータルで見れば25%になります。このように3回目は12・5%、4回目は約6%、5回目は約3%となり、迎撃する回数が増えれば増えるほど、そこをすり抜けて街を攻撃できる率は低くなるわけです。

当然、北朝鮮もそのことを知ったうえで発射するかどうかを模索しますから、なけなしの金で作ったミサイルを、「いくら撃ってもどうせ2、3%しか当たらないのか」と考えれば、費用対効果を考えて、撃つことを躊躇することはありえるでしょう。

つまり、たとえ100％でなくても、80％を85％に、あるいは87％に高めていくことで、結果として相手に撃たせないという抑止効果は期待できるのです。

10発撃ち込まれて1発でも迎撃に失敗すれば、そこが東京のど真ん中であれば数万人が犠牲になるかもしれませんが、抑止効果を高めることで、最終的に一発も撃たせないという形へ持ち込むことは可能かもしれません。

韓国国内の邦人5万人をどうやって救うのか

一方、有事の際には迎撃などの軍事的な技術だけでなく、一般人の救出についても考えなければなりません。

韓国国内には約5万人の日本人が住んでいると見られており、朝鮮半島が戦場になれば、こうした同胞の救助も当然ながら行わなければなりません。

周辺事態における非戦闘員の救助については、日米防衛協力の指針（ガイドライン）の中で、「日米両国はおのおのの能力を相互補完的に使用しつつ、輸送手段の確保、輸送にかかるものを含め、非戦闘員の退避の実施で協力する」としています。これに伴い、日米両国は在外邦人の輸送訓練をほぼ毎年行っています。

実際に米国が日本人を輸送したケースもあり、1998年にアフリカのエリトリアで発生したエチオピアとの国境紛争の際には、エリトリアにいた3人の日本人を米国が軍用機で運んでいます。

また、2011年のリビア内戦でも、日本人4人がチャーター船で輸送されています。

国内法では、自衛隊法第84条の4（在外邦人等の輸送）に基づき、当該在外邦人等の輸送を行うことができるとしており、これにより陸自はヘリコプター隊や誘導輸送隊が、海自は輸送艦などの艦艇が、空自は輸送機部隊などが邦人輸送にあたるとしています。

2017年4月の衆院安全保障委員会でも、稲田防衛相は、半島有事の在韓邦人保護について、「邦人などの退避が必要な事態に至り、民間定期便での出国が困難となった場合は、自衛隊法に基づく在外邦人の保護措置、輸送の実施を検討する」と答えています。

かつては様々な不可思議な縛りで「日本人が日本人を救えない」というジレンマに陥っていた我が国ですが、邦人救助という面では、昔よりはかなり正常な形に近づいているといえると思います。

有事であっても韓国国内に自衛隊が入るのは困難

とはいえ、実際に軍用機や艦艇で数万単位の人間を退避させることが、現実に可能かどうかは議論があるところです。

たとえば、自衛隊にはCH－47という定員50人の大型ヘリが、陸自と空自を合わせて60機以上ありますから、ヘリコプター搭載護衛艦「ひゅうが」（DDH）などを中継して給油をしていけば、ヘリだけで単純計算で3000人近くを本土まで運ぶことは可能かもしれません。

また、「ひゅうが」よりも大きい同じくヘリコプター搭載護衛艦「いずも」や、「かが」も近年建造されて既に就航していますから、それぞれが数千人を運ぶことは理論上は可能です。

それ以外にも中型ヘリや政府専用機747、戦術輸送機のC－1など、自衛隊が保有する軍用機などをフル回転させれば、かなりの人数を日本へ運び出せるかもしれませんが、いずれにしても5万人全員を救出することは現実には難しいでしょう。

また、有事の際に大量の人間を運ぶということになれば、予期せぬことがたくさん起こります。単に数字を足していって「計算上は運べるはずだ」で済む話ではありません。

たとえば、現地へ行って「日本人だけ乗ってください」と自衛隊員が伝えたとしても、韓国人だって逃げたいでしょうから、自衛隊のヘリに大量の韓国人が「助けてくれ」と押し寄せてくるかもしれません。

パニック状態になっている現地の群衆をなだめすかしながら、日本人だけを粛々と救出することは簡単ではありません。また、そうすることが正しい選択であるかという点も疑問です。

なにより、自衛隊が韓国に乗り込んでいくためには、韓国政府の同意が不可欠なのですが、近年日韓関係が悪化していることを考えると、このような微妙な問題をザックバランに協議することは簡単ではないと考えるべきです。

事実、日韓両国政府の間でこの問題について協議しているとは思えません。海自の正式な自衛艦旗である旭日旗を見るだけで大騒ぎをするお国柄で、日本の事実上の軍隊が韓国の港に入るということは、まだまだハードルが高いということです。

また、迷彩服を着た自衛官が韓国に乗り込んでいくことへのアレルギーも相当なものでしょう。実は在韓邦人の救出についても、日米間では協議し、訓練もやっていると思われるのですが、肝心の韓国を入れた形ではやっていないようです。つまり、受け入れ国の同意がなければ自衛隊は入っていけませんし、日本は憲法9条との関係で武力も行使できません。

仮に韓国からＯＫが出たとしても、あくまで「警察機能」として現地へ赴くことになり、ミサイルが飛んでくるかもしれない状況の中で、軽武装の自衛官が邦人救助をどこまで滞りなく遂行できるかという課題は残るでしょう。

そうなると、最後はやはり、主権を持っている韓国政府が自主的に外国人の保護に務めてもらうしかないという話になります。

たとえば、ソウル周辺の外国人たちを、事態に応じて釜山などの南部へ速やかに移動する指示を出すということです。実際、１９５０年の朝鮮戦争のときも、それに似た事態になり、当時は大量の避難民が徒歩でぞろぞろと釜山へ向かっています。

今後は、これをより効率的にやるためのマニュアルなどを作成し、有事には速やかに動いてもらうしかありません。

もしくは、そういう極めて危険な状態であるということを、日本人一人一人が自覚しながら、状況に応じて渡航を自粛し、自主的に帰国する以外ないかもしれません。

また、これまで述べてきた「有事」という意味とは違いますが、我々が常に考えておかなければならないことは、金正恩《キムジョンウン》が権力をどれくらいしっかりと掌握できているのか、現体制がどれくらい盤石であるのかということです。

ナンバー2と言われた張成沢《チャンソンテク》などの大幹部も含め、粛清された数は１０００人以上とも言われる中、遂には実兄の金正男《キムジョンナム》までもが暗殺されたことは記憶に新しいところです。

一般的に社会主義や共産主義の軍隊というのは、師団長や連隊長といった指揮官の他、党を代表する政治委員がそれぞれの部隊に配置されており、彼らを通じて部隊を統制するという仕組みになっているため、クーデターは比較的起きにくい仕組みではあるのですが、ここまでの恐怖一辺倒による統治力がどれほど堅固であるのかは大きな疑問です。たとえ戦争にならなくても、北朝鮮の中で大混乱が起きる可能性があるということは、世界は常に考えておかないとならないでしょう。

山口昇（やまぐち・のぼる）
１９５１年東京都生まれ。74年防衛大学校卒業、陸上自衛隊入隊。88年フレッチャー法律外交大学院修士課程修了。ハーバード大学オリン戦略研究所客員研究員、在米大使館防衛駐在官、陸上自衛隊研究本部長（陸将）などを経て、２００８年退官。現在は国際大学教授、笹川平和財団参与。

なぜ北朝鮮はミサイル発射を繰り返すのか

1に実験、2に威嚇、そして3はミサイルを売るためだ！

――アメリカに恫喝されても決して実験をやめない北朝鮮の思惑とは

拓殖大学客員研究員
（韓国統一振興院専任教授）
高 永喆

体制維持に必要な核兵器

アメリカや日本、韓国、そして中国まで批判しているにもかかわらず、金正恩《キムジョンウン》の北朝鮮はミサイル実験を繰り返しています。なぜ、そのような実験を繰り返すのでしょうか。

その目的は、大きく三つあります。ひとつはテスト・ファイア、実験です。性能を上げるために繰り返します。今年（２０１７）５月以降に限っても5回のミサイル実験をしていますし、２０１１年金正恩が就任して以来56回も弾道ミサイル発射を繰り返しています。

最近、７月４日、北朝鮮はＩＣＢＭ（大陸間弾道ミサイル）完成段階の「火星14型」を発射しました。上昇高度は2802キロメートル飛行時間39分、飛行距離は933キロメートルで東海（日本海EEZ）着弾しましたが正常角度で発射した場合は、射程6000キロメートルのアラスカまで到達するICBM級弾道ミサイルに間違いないです。

5月14日の新型中長距離弾道ミサイル「火星12」も高度2000キロメートルに達するICBM級弾道ミサイルです。5月21日には地対地中距離弾道ミサイル「北極星2型」。5月29日はスカッドミサイル。そして6月8日にはシースキミング（海面ギリギリを航行する）能力をもつ新型の地対艦巡航ミサイルを発射しています。さまざまな種類のミサイルの発射実験を繰り返し、その性能を確かめ、機能の向上を図っているのです。

2番目の目的は、在韓アメリカ軍と在日アメリカ軍への威嚇です。そこにはアメリカによる敵対政策を止めて「停戦協定」を「平和協定」に変えたいとの狙いがあります。

なおこの目的の裏には、「金正恩後継体制の維持」があります。核のない国の独裁政権はすべて倒れると金正恩は考えています。ルーマニア独裁者チャウシェスクや、リビアのカダフィー及びイラクのフセイン政権が崩壊したのは、核を持っていないからだと彼は考えています。

世界各国にミサイルを売るための実験！

そして、3番目の目的は、北朝鮮のミサイルの宣伝・広報です。北朝鮮のスカッドミサイルは国際社会の中でもっとも売れているミサイルです。さまざまなミサイルを実験する裏には、北朝鮮にはこんなにもいろいろなミサイルがあり、成功しているということを宣伝したいのです。そして買ってもらいたい。

例えば、北朝鮮は5月14日の「火星12」試験発射の際には、わざわざ15日に成功したと報じています。そして、高度は2111・5キロメートルに達し787キロメートル先の「公海上の目標水域を正確に打撃した」と発表しています。さらに、ミサイルは「大型重量核弾頭の装着が可能」とし「新たに開発されたロケットエンジンの信頼性が再確認された」と強調しているのです。

このように発表すれば、必ず各国メディアが北朝鮮の報道を翻訳して報道してくれます。非常に効率のいい宣伝になります。ミサイルを売り込みたい国々に、PRするために宣伝費を使えば、かなりコマーシャルフィー、お金がかかります。しかし、そういう必要性がありません。

ミサイルを発射すれば、日本でも韓国でもアメリカでもヨーロッパでも中東地域でも、テレビで北朝鮮がミサイルを発射したと大騒ぎしながら、インパクトのある報道をしてくれます。これ以上の広報PR効果がある自然なコマーシャルは存在しません。それもタダでできてしまいます。

国際武器見本市が2年に一回行われていますが、そこでベストセラーになっている兵器が北朝鮮のスカッドミサイルです。購入している国は、シリア、イラン、エジプト、UAE、リビア、イエメン、パキスタンなどです。1987年から2009年にかけての22年間で、ミサイルが世界で売られた本数が約1200基。そのうち、北朝鮮製が510基に及びます。

世界のミサイル市場の約40パーセント強が北朝鮮製です。ちなみに、2番目に売った国がロシアで400基、続いて中国が270基で3位となっています（出所：米California, Monterey 国際大学院［The Nonproliferation Review］2011年7月号）。2番目、3番目は想像できますが、北朝鮮製ミサイル販売が1位とは日本人は少々驚くのではないでしょうか。スカッドミサイルの値段は1000万円程度。トマホークはもっと高いと思いますが、お値打ちです。

通常兵器と違って、核兵器開発を一から行おうとすると莫大な資金がかかりますが、そこだけに絞って通常兵器の予算を核兵器開発に回せばかなり国防予算が軽くなります。それだからこそ、北朝鮮は国防予算を節約するためにも核・弾道ミサイル開発にこだわっています。それで余った国防予算を経済立て直しに回したいという狙いです。

北は食糧難で貧しい片田舎国のイメージを多くの方は持っていますが、「核開発」「弾道ミサイル技術」「サイバーテロ」「特殊戦戦力」「潜水艇戦力」は先進国並のレベルです。そこだけに集中しているからこそ、それが売りにもなります。

弾道ミサイル開発に資金を投入してきた北朝鮮

80年代から、北朝鮮は弾道ミサイルを中東地域に輸出して年間10億ドルを稼いでいました。特に、イランには、弾道ミサイル技術を提供し、イランのオイルマネーをミサイル開発の資金源にしています。イランと北朝鮮のコネクションは、パイプが太いし長いのです。

北朝鮮はパキスタンにもミサイル技術を提供してウラン型核技術を導入した経緯もあります。

単に外貨を稼ぐだけでなく、バーターで核開発の技術も手に入れているのです。

ちなみに、北朝鮮の外貨稼ぎは鉱物輸出がメインです。それ以外にも海外派遣した労働者の給料、国営レストランの経営、在来式武器輸出及び外交官による闇商売（偽ドル・マネーロンダリング、麻薬流通、免税品流通）などさまざまあります。

北朝鮮は海外１５０か国に大使館、総領事館、貿易代表部、連絡事務所を設けていますが、その駐在官の半分以上は外交官の治外法権を利用して外貨稼ぎに精を出しています。最近ではサイバー部隊が海外銀行をハッキングし銀行の電算網を壊し、回復させるかわりに金の振り込みを要求するケースもあるようです。

韓国政府は２０００年代の親北朝鮮の金大中《キムデジュン》大統領と盧武鉉《ノムヒョン》大統領のとき、北朝鮮に37億ドルを援助しました。この内には、開城《ケソン》工業団地からの収入資金が6億ドル含まれています。

北朝鮮が12年の「銀河3号」発射以降、弾道ミサイル開発に使った資金は総額9億５０００万ドルに及ぶといいます。長距離弾道ミサイルを1回発射するときの費用は2～3億ドルであり、この金額は北朝鮮国民の1年分の食糧にあたるお金なのです。北朝鮮は、よくも悪くも国民が稼いできたお金や海外からの援助の多くを核開発やミサイル開発につぎ込んできたのです。

過小評価できない北朝鮮の弾道ミサイル技術

北朝鮮の「弾道ミサイル技術」は先進国並みのレベルであると書きましたが、日本人のみなさんは、そこがなかなか信じられないと思います。以下、北朝鮮のミサイル開発の歩みを記しておきます。

北朝鮮は1970年代から弾道ミサイル開発に着手しました。そして、1980年代半ばには、射程距離300キロメートルのSCUD（スカッドミサイル）－Bと500キロメートルのSCUD（スカッドミサイル）－Cを生産して配備しています。そして、各国に売り込んでいます。ちなみに、1988年、イラン－イラク戦争のときに、イランがイラク首都バクダッドに打ち込んだ88発のスカッドミサイルはすべて北朝鮮製でした。

1990年代には、射程距離1300キロメートルのノドン・ミサイルを試験発射し、成功した後に配備しています。2007年には射程距離3000キロメートル上のムスダン・ミサイルを配備しています。

これにより北朝鮮は韓国を含む日本、グアムなど周辺国に対する直接的な打撃能力を保有することになりました。

さらに、北朝鮮は2段式ミサイルの射程距離が1500キロメートルになるテポドンとその改良型のテポドン2号（射程距離約6000キロメートル）、さらにはその派生型（射程距離約1万キロメートル以上）を、衛星にカモフラージュし計5回の長距離ミサイルの発射をしています。

1998年にテポドン1号を発射（北朝鮮は成功と発表したが、各国は否定）し、2006年にはテポドン2号を試験発射していますが、失敗しています。さらに、09年4月にはテポドン2

北朝鮮の弾道ミサイルの射程

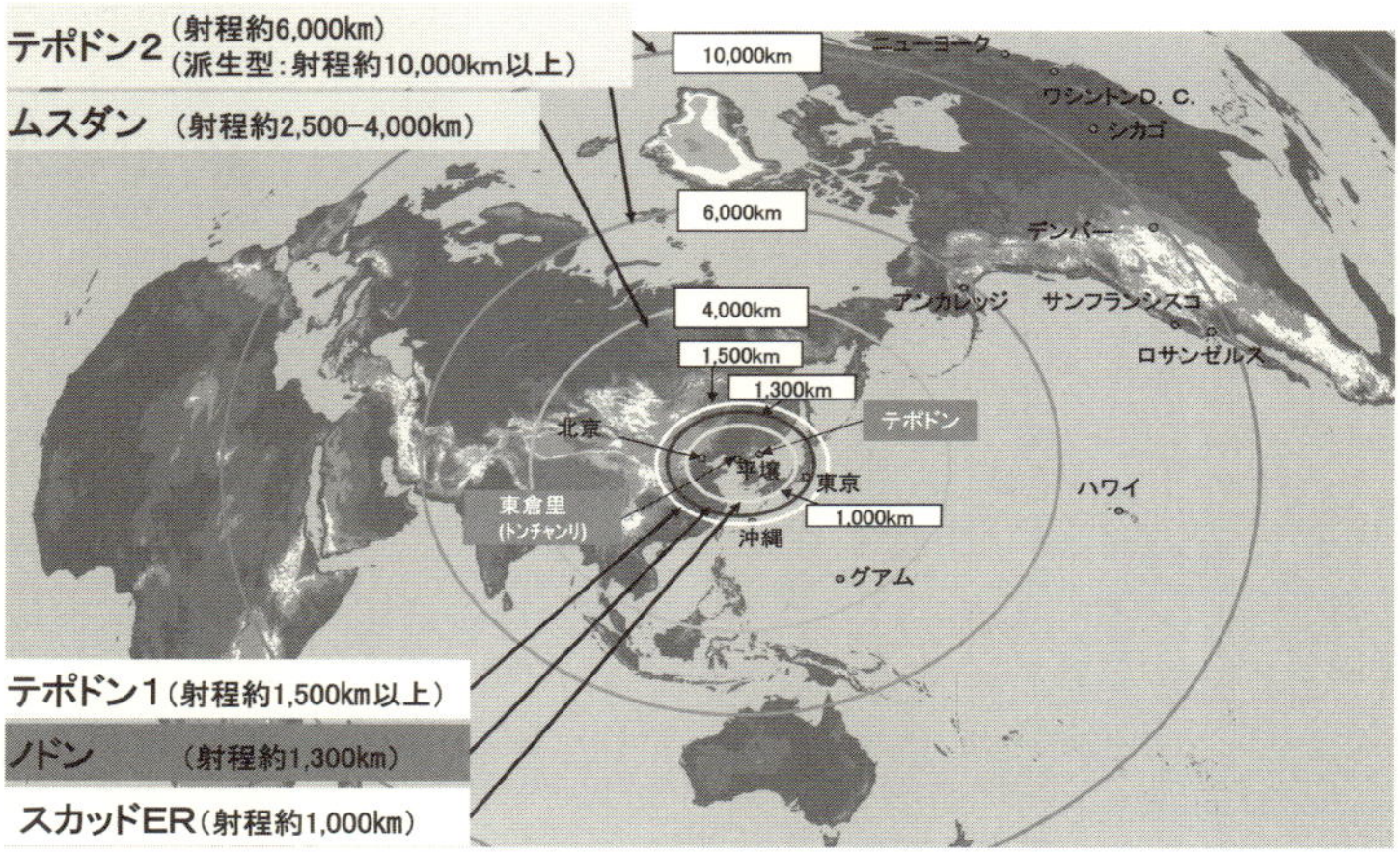

※上記の図は、便宜上平壌を中心に、各ミサイルの到達可能距離を概略イメージとして示したもの（防衛省「2016年の北朝鮮による核実験・ミサイル発射について」より）

北朝鮮のICBMのイメージ（提供：KRT/AP／アフロ）

1に実験、2に威嚇、そして3はミサイルを売るためだ！

号派生型、12年4月にもテポドン2号派生型を発射し、いずれも失敗していますが、ついにその年の12月には成功しました。テポドン2号派生型の射程距離は1万キロメートルを超えますから、アメリカ本土のサンフランシスコ、ロサンゼルスが距離内に入ります。ついに北朝鮮はアメリカ本土を脅かすことができる能力を保有するようになったと推定されるのです。

２０１６年2月には、射程1万３０００キロメートルの長距離弾道ミサイル（ＩＣＢＭ）を発射しました。同年6月22日には射程４０００キロメートルの中距離弾道ミサイル・ムスダンを6回目に成功しています。さらに8月3日は射程１３００キロメートルの弾道ミサイル・ノドンを新潟港西側２５０キロメートル辺りの排他的経済水域（ＥＥＺ）に着弾させています。

そして、２０１７年に入って、2月に固体燃料を使ったムスダンを発射し、3月にはスカッドミサイル最新型の射程距離１０００キロメートルの「スカッドＥＲ」を発射しています。さらに、5月以降については冒頭で書いたとおりです。

着実に北朝鮮の弾道ミサイルの技術は進歩し、いまや核兵器も搭載できる技術に達している可能性は高いのです。

生物・化学兵器５０００トン保有、北朝鮮

金正恩政権はミサイルだけでなく、金正男《キムジョンナム》の暗殺が化学兵器のＶＸガスであることからもわかるとおり、生物化学兵器を５０００トンも保有しています。

これは米国、ロシアに次ぐ世界3番目の保有量です。

2013年8月21日、シリア内戦で死亡した1300名、負傷者4000名が発生した戦闘は政府軍によるサリンガス兵器によるものでした。その被害者はほとんど子供、老人、女性だったのです。

そして、このとき使われた兵器を開発した化学兵器製造技術は、北朝鮮が提供したと欧米情報機関が分析しています。

北朝鮮が保有する化学物質のうちTIC（人体の神経関連化学物質）と呼ばれる有害化学物質は、軍用化学兵器装置でも検出されません。軍で使用されるガスマスクや保護装備でも防御が不可能であることが、米国ランド研究所からも報告されています。

生物化学兵器の特性は大量生産ができるうえ、保管が容易で少量を使用しても多くの人を殺傷することができると言うことです。

アメリカの国防総省情報本部（DIA）は北朝鮮が18か所のバイオケミストリー生産施設で、20種類の生物化学兵器を生産していると把握しています。

現在、北朝鮮軍が前方に配備した化学兵器の大部分は神経作用剤です。代表的な神経作用剤はサリンガス、タブンガス、VXガスなどがあります。金正男が毒物テロを受けた化学兵器がVXガスです。この化学兵器にはにおいも色もありませんが、人間がこのガスを30秒以上吸いこむと5分以内で死亡する致命的な兵器なのです。

北朝鮮のＷＭＤ（大量破壊兵器）の脅威

現在、北朝鮮は脆弱な在来戦力を補強するために弾道ミサイル、生物化学兵器、そして核兵器を継続的に開発しています。

１９８０年代に寧辺《ニョンビョン》の核施設である５ＭＷｅ原子炉稼動後、使用済み核燃料棒の再処理を通して核物質を確保しました。

以後、２００６年10月と２００９年５月、２０１３年２月に、３回の核実験を敢行しました。その後、２０１６年１月６日、４回目の核実験に続いて同年９月９日に５回目の核実験に踏み切りました。

北朝鮮は核兵器を作ることができるプルトニウムを40キログラムも有しているといわれます。さらに高濃縮ウラン（ＨＥＵ12）の精製もすすんでいます。

核兵器の小型化能力もかなりのレベルに達したものと見られています。

２０１７年７月現在、６回目の核実験は行われていません。アメリカのトランプの攻勢に、いまのところ静観している状況です。しかし、金正恩がトランプに屈しなくて済むと判断をしたら、核実験を行うでしょう。

米国は米本土まで届く大陸間弾道ミサイル（ＩＣＢＭ）及び潜水艦搭載弾道ミサイル（ＳＬＢＭ）を完了したら北朝鮮を攻撃できないと思います。潜水艦搭載ＳＬＢＭは核攻撃を受けてから第2次核報復攻撃が出来るからです。

２０１６年8月24日、北は元山から4回目のＳＬＢＭを発射して５００キロメートル日本防空識別（ＪＡＤＩＺ）区域に着弾しました。正常角度で発射した場合は２５００キロメートル射程です。北朝鮮はＳＬＢＭを搭載出来る２５００トン級潜水艦を元山の新浦造船所で建造中であり2年後に配備出来ると米韓情報当局は把握しています。

従って米国は北朝鮮が米本土まで攻撃できるＩＣＢＭとＳＬＢＭ核能力を整える前に軍事行動に踏み切る可能性が高いと思います。

米軍の軍事行動

今後、2～3年は北朝鮮が米本土にＩＣＢＭ核攻撃能力を整える期間だから米国にとっては対北軍事行動に踏み切る予備期間になり

アメリカの巡航ミサイルトマホーク（写真：Roger-Viollet／アフロ）

米軍のステルス戦闘機から投下されるバンカーバスター爆弾。地下30メートルまで破壊する（提供：USAF／ロイター／アフロ）

北朝鮮有事に備えて韓国に配備された米軍のB1戦略爆撃機（写真：AP／アフロ）

ます。米国が対北軍事行動の出来る期間を見逃したら対北軍事行動のチャンスは訪れないと思います。大掛かりなピンポイント空爆の標的は北核施設とミサイルの砲兵部隊及び金正恩の居場所と生物化学兵器施設になります。対北空襲標的情報（ターゲットデータ）約７００カ所は毎日アップデートされています。

米国の対北軍事行動の順番は最初に電子攪乱機を飛ばして北朝鮮軍の指揮命令通信施設と電算網を麻痺させて巡航ミサイルのピンポイント空爆を開始します。同時に米軍はサイバー攻撃で北朝鮮のコンピューター網を麻痺させます。これは外科手術前の麻酔と同様だから「外科手術攻撃(surgical strike)」と呼ばれています。外科手術攻撃は２時間で終わります。イラク戦争と湾岸戦争での外科手術は２時間で勝利を収めた先例があります。

米軍の先端兵器技術は27年前より10倍以上進歩しています。

奇襲的な先制攻撃による相次ぐ第２波、第３波空爆によるメガトン級爆弾洗礼を浴びると敵の反撃は出来ないはずです。米軍の対北軍事行動は全面戦争ではなく予防戦争であり制限戦争です。敵の反撃能力を取り除くメガトン級爆弾を投下する大空爆だから韓国と日本への被害は考えにくいです。米軍は24時間、北朝鮮を偵察・監視しています。偵察スパイ衛星をはじめ無人偵察機グロバールホークと偵察スパイ機Ｕ－２がリアルタイム（実時間）で北朝鮮軍の動きを24時間監視しています。同時に暗号解読まで出来る通信傍受（ＣＯＭＩＮＴ）と人間情報（ＨＵＭＩＮＴ）網の情報をクロースチェック（交差確認）しています。従って、北朝鮮軍の挑発の兆しは事前に察知され、米軍は自動的に先制攻撃に踏み切ります。

２０１７年6月19日、北朝鮮に捕らわれていたアメリカ人学生のオットー・ワームビア氏が帰国後すぐに亡くなりました。アメリカ国民の怒りが強くなってきています。

また、7月4日、アラスカまで届くＩＣＢＭ級弾道ミサイルが発射されました。対北先制攻撃・空爆のXデーはもっと近いかもしれません。

高 永喆（コウ・ヨンチョル）

１９５３年、全羅南道生まれ。75年韓国朝鮮大学卒業（奨学生）、同年海軍将校任官、海軍大学卒業（正規18期）。海軍士官学本部隊長、国立海洋大学・海軍教育団教官・副団長を歴任。済州道防衛司令部情報参謀を終えて89年から国防省北朝鮮分析官、同日本担当官（日韓防衛交流）在職。93年全泳三政権が軍出身大統領二人を逮捕する際、日本特派員に秘密漏洩で拘束。その後、特別赦免・復権を受ける。99年12月来日。研究執筆、テレビ解説や新聞、週刊誌解説、防衛大学特講や講演を通して日韓友好に尽力中。コラムニスト・作家として近著に佐藤優氏との共著『韓国左派の陰謀と北朝鮮の擾乱』（ＫＫベストセラーズ）がある。その他、論文、評論多数。

column

金正恩斬首作戦は可能か

アメリカの特殊部隊には荷が重過ぎる斬首作戦

斬首作戦は本当にあるのか。世界各国の特殊部隊にコネクションを持つ軍事ジャーナリストに、匿名を条件で聞いた。

軍事ジャーナリスト（匿名）

映画ほど技量が高くないアメリカの特殊部隊

結論から書いてしまいますが、いま話題になっている金正恩の斬首作戦を、アメリカの特殊部隊が可能か？　それは考えにくい。なぜなら、アメリカの特殊部隊の技量は我々が映画で見たり、ネット等で知る程高くはないからです。アメリカは特殊作戦の成功率は非常に低い。多くの方は、アメリカの特殊部隊はウサマ・ビン・ラーディンの暗殺に成功したように思われていますが、関係筋の人からの話では、あれは大きな失敗だそうです。

ネット情報では殺害がオーダーであり、生け捕りはないと書かれているようですが、あのときのオーダー（命令）はビン・ラーディンの生け捕りだったというのです。ビン・ラーディンの居場所がわかっていましたので、単に殺害であれば簡単です。そこに爆発物を落とせば、建物は吹っ飛んで真っ平になってしまいます。別にヘリで行く必要もありません。極めて小規模なピンポイント爆撃をすればこと足ります。

しかしアメリカは、非常に大きなリスクを負って特殊部隊をヘリコプターから地上に降ろしています。いま書いたように、殺すだけだったら降りる必要などありません。しかし降ろしています。それは、彼らへのオーダーがビン・ラーディンの生け捕りだったからです。なのに、ビン・ラーディンを殺してしまった。

そもそも、対象人物が存在する方向に銃を向けること自体が生け捕り作戦にはあり得ないらしいのです。それは、ビン・ラーディンと向かいあって撃てば、ビン・ラーディンに当たってしまう可能性があるからで、そうなれば、殺してしまうこともある。だから弾が自分の方向に飛んでくるのはかまわないが、相手の方向には出さない。これが生け捕りや人質奪還作戦のときの常識だというのです。それは、自らの命より対象人物の命のほうを優先しなければならないからです。

しかし、アメリカ方の特殊部隊はビン・ラーディンの方向に銃を発射しています。自分の身が危ないから作戦の目的を放棄して撃ってしまったというのは、明らかに特殊部隊員としては失格です。

生け捕りにするために膨大な時間をかけて情報収集をし、わざわざパキスタンのアボッターバードの潜伏先の上まで行ったのに、ビン・ラーディンを殺してしまった。これを見たアメリカ以外の国々の特殊部隊員は、我々の部隊は彼らのとはまったく別のものと考えてほしい。一緒にしないでほしいといっているそうです。

『ゴルゴ13』のイメージを変えれば、斬首作戦も可能

ただし、アメリカは何もできないのかといったら、そんなことはありません。斬首作戦など、それほど難しいことではないのです。

私たちの斬首作戦や暗殺のイメージは、暗殺される人だけが死んで、暗殺者も、周りの人も無傷というものです。『ゴルゴ13』のイメージです。しかし、そのイメージの斬首作戦でなければ、これは簡単です。

アメリカ軍は世界最強の軍隊です。アメリカの特殊部隊はあまり強くないけれど、軍隊は強いのです。その強さはシステマティックであることにあります。

日本人なら４人でやる仕事を細かく40に分けて、それを一人ひとりにあてがいます。これを非常にシステマティックにつくって、各パートを交換可能にします。

一人で多くのものごとをこなそうとすれば、覚えることも多く、その技量に差がつきます。その典型が特殊部隊です。さまざまな状況に臨機応変に対応できなければ、務まりません。

しかし、アメリカは一人の兵士に多くを望みません。戦車を運転するだけ、銃を撃つだけ、道

路を整備するだけ、怪我した兵士を運ぶだけ、それを手術する医師などなど、非常に細かに分け、さらに、同じことができる兵士を何人も作ります。そうなれば、一人がだめになったらそれができる人を交換するだけです。いくらでも交換はきくし、年中休ませてあげることができます。

アメリカ人は、何でもできる一人の人間の研ぎ澄まされた能力に託すということはしませんし、得意ではありません。国民性がそうなのです。みんなでハンバーガーを食べながらコーラを飲んで、人生も生活も楽しみながら仕事をして、そこそこというお国柄です。

だけど、システムをつくるのが非常にうまい。だから一人ひとりの負担が非常に小さい。逆に一人の負担が非常に大きい特別な作戦になると極端に弱くなってしまいます。

空爆のために国際世論を喚起

だからアメリカの特殊部隊員の技量で、『ゴルゴ13』みたいなことはできませんが、強大な軍隊をシステマティックに動かし、周りの人は何万人死んでもかまわない、ということであれば、可能です。

金正恩の場所も正確にはわからないし特殊部隊の技量もないので、ピンポイントで彼を殺すのが難しいとなれば、面でおさえればいいのです。実際、アメリカはそのように考えていると思います。

面でおさえるということはどういうことかといえば、わかりやすい例を出せば大規模な空爆です。金正恩がいると予想される周囲を空爆してしまえば、死にます。しかし、先ほど書いたように周りの朝鮮人も何万人、何十万人もなくなる可能性があります。

そこで問題になるのが国際世論です。国際世論が金正恩を殺すためだったら、朝鮮人が何十万人死のうとかまわないというところまで、形成されればアメリカはやるでしょう。いまはその過程にあると思われます。

いまから70年前に、アメリカは日本に原爆を落としました。そのときも、パールハーバーを引き起こした日本は卑怯者だ、ドイツのヒトラーと手を組んだファシスト国家だ、一億総特攻となっている日本人は徹底的に叩きのめさなければ、言うことを聞かない、と国際世論をつくり、最終的には2発も原爆を落としました。

似たようなことをアメリカは北朝鮮にしようとしている可能性はあると思います。金正男を殺したのもアメリカかもしれません。北朝鮮は金正男を殺したという犯行声明を出しているわけではありません。もし、アメリカかその手先がやったとすれば、国際世論づくりのためです。独裁者が身内も殺した、金正恩は自らの権力維持のために兄弟をも手にかける非近代国家のトップであるというプロパガンダです。

先日、生物化学兵器を北朝鮮は非常に多く保有しているというニュースが出ました。トランプがシリアに空爆したのも化学兵器がきっかけです。このようにじわじわと国際世論づくりをアメリカがしている可能性はあると思えます。

ただし、そのまま本当に空爆に踏み切るかというと最後にアメリカは退くと思います。国際世論づくりをして、北朝鮮はヤバイ国、権力争いで兄弟を殺す独裁者の国、生物化学兵器を持っている国、核兵器を使いたくてしかたない国、こんな国はこのまま生かしておくとわれわれがやられてしまう、こんなふうに国際世論を煽り、大規模な攻撃をする以外方法はないんだというところまで煽りに煽ったところで、トランプは、金正恩に「手を組まないか」とささやくと思います。

そのとき、トランプは「手を組めば経済支援もする」し「軍事的援助もする」というでしょう。そうなれば、トランプのアメリカは北朝鮮を自らの傘下に置くことができ、中国の喉元とロシアの隣に米軍基地をつくることも可能になります。東アジアの軍事的地図をアメリカ有利に大きく塗り替えることができるのです。

金正恩の首を取ることにメリットはあるのか？

アメリカによる斬首作戦は結局のところ、可能性は低いでしょう。それでは、アメリカ以外の国ではどうでしょうか。技量的にはイギリスや日本が可能です。

しかし、イギリスがあえて金正恩の首を取る必要があるのか、というと、ないでしょう。北朝鮮が、すぐ目の前の危機かというと違います。

日本の自衛隊も技量的には高いですが、憲法9条で、北朝鮮まで行ってその国のトップの首を取ってくることは否定されています。日本は法制度上できません。

それでは中国や、韓国はどうでしょうか。メリットが大きければやるでしょうが、あまりメリットがあるとは思えません。北朝鮮の核開発やミサイル開発に対しても、中国も韓国も不安はあるでしょうが、米ソ冷戦下での核の恐怖に耐えてきた国々だから、まだまだ緊張感は高くないと思います。撃ってくる可能性があるだけで、金正恩の首と取るのかというと疑問です。

ちなみに、中国の特殊部隊はアメリカ並みかそれ以下の実力しかありません。彼らが北朝鮮に入って工作をできるとは思えません。

予断になりますが、中国の兵力の実力について言われていることがあります。あくまでいわれていることで、調査をしたわけではありませんから、いい加減といえばいい加減ですが、説明しておきましょう。

通常、軍隊の10パーセントが死傷すると攻撃の前進行動は止まるといわれています。20パーセントが死傷すると、これで撤退が始まるといわれています。しかし米軍は、特殊部隊は弱いですが、フロンティアスピリットの国なのでしょう。米軍は2倍持ち堪えるといわれています。だから20パーセントの死傷まで前進行動が止まらない。そして、40%が死傷しない限り撤退しないといわれています。

しかし、中国は半分なのです。アメリカに比べて4分の1です。5パーセントで前進行動が止まり、10パーセントで撤退が始まるといわれています。

中国は特殊部隊も弱いし通常戦闘における兵力も弱いといわれています。あくまで推測ですが。

どちらにしろ、金正恩の斬首作戦は、一つの国をひっくり返すことになり、国際関係の大きな転換を生む国家事業です。国家としての指針があって筋が通らない限り、そう簡単に動くものではありません。さらに金正恩の首を取ったからといって、いまの危機がなくなるのか、その点も不明です。

仮に彼の首を斬り落とした後にミサイルや核兵器が飛んでくる可能性もあります。そのようなシステムになっているかもしれない。すると明確なメリットというのがあるようには思えません。

実際、斬首作戦が行われるとしても、それを決定するのは政府です。政府が腹をくくらない限り、現場は動けません。日本ならば首相が腹をくくってはじめて、現場が動けるのです。政府が斬首作戦のメリットとデメリットを比較検討し、方針を出すのです。その方針が斬首作戦に傾くかというと、いまのところは疑問です。

世界の脅威となる北朝鮮の新たな兵器

進化する北朝鮮のサイバー攻撃 狙われる各国

――中国を隠れ蓑にして世界に攻撃をしかける北朝鮮

元陸上自衛隊初代システム防護隊隊長
伊東 寛

韓国において大規模なサイバー攻撃事件が起こると、韓国政府はいち早く北朝鮮によるサイバー攻撃であると発表するのはいつものことです。とはいうものの、世間ではそれほど北朝鮮のサイバーに関心が持たれているわけでもありませんでした。しかし、最近では全世界的に感染が広がり大きな話題となったランサムウェア（身代金要求型ウイルス）、WannaCry（ワナ・クライ＝泣きたい）のように、北朝鮮によるサイバー攻撃ではないかと世界の耳目を集めているものもあります。意外に思う人がいるかもしれませんが、北朝鮮はサイバー分野にかなりの力を注いでおり、その実力も世界的に見ても侮れないものがあると考えられます。

その背景には、どん底状態にあるとまで言われるこの国の経済状況が、皮肉にも大きく関係しています。経済の極度な落ち込みのために、基盤的な産業が崩壊状態にあり、それにより、生産された兵器の性能も前時代的なレベルの上、信頼性も高くありません。また、仮に兵器はあっても燃料不足で兵隊の訓練もままならず、北朝鮮人民軍は、もはや通常兵器でまともに戦える状況ではないだろうということはよく知られています。

そのような中で、北朝鮮が苦肉の策として始めたのが、いわゆる「非対称的」な軍事能力の構築・強化です。その一つが特殊部隊でした。20万人ともいわれる特殊部隊ですが、そこには、戦車や戦闘機を動かしたくても燃料の油が無いという切羽詰まった状況の中、「体格のいい奴は特殊部隊に送り込んで訓練をさせるしかない」というところまで、追い詰められたためでしょう。

そして、北朝鮮が次に目をつけたのが、弾道ミサイルの開発。その次に力を入れたのが核開発です。国際社会からいかなる制裁や批判を受けても、躊躇することなく核やミサイルの開発を続けるということは、たとえ通常の戦い方ができなくても、特殊部隊や弾道ミサイル、核兵器のように、相手が対抗できない非対称的な軍事能力で国を守ろうというのが北朝鮮の基本的な姿勢であるということになります。

とはいえ、弾道ミサイルも核兵器も、やはり開発に莫大な資金が必要となります。そこで北朝鮮が4つ目の非対称的軍事力として注目したのがサイバー技術というわけです。ミサイルや核開発に比べ、サイバー兵器の開発ならば、有能なサイバー技術者によるソフト開発のコストは限りなく低く抑えられます。また、ハッキングのようなサイバー攻撃であれば、優秀なハッカーが少数いればできるというわけです。一方で、西側先進国の社会がサイバー技術に依存する度合いが大きくなればなるほど、各国の脆弱性は増大していきます。つまり、北朝鮮のような国にとってサイバー攻撃にリソースを割くことは非常に有利だということです。彼ら自身の社会がサイバー技術にほとんど依存していないとなればなおさらです。

この費用対効果が特に大きいサイバー戦については、先代の金正日氏が強い関心を示していたと言われています。韓国メディアの朝鮮日報が2010年8月に報じたところでは、北朝鮮が2005年に作成した軍事マニュアルの中に、「現代戦争は電子戦だ。勝利するか敗北するかは電子の戦い方次第だ」との金正日氏の言葉が掲載されていたといいます。

実際、北朝鮮サイバー部隊のあるチームが2000年代初頭に米国をサイバー攻撃し、複数の情報を得ることに成功した際には、金正日氏は非常に喜び感嘆の声を上げたと、ある脱北者が証言しています。苦労して工作員を養成して敵地へ送り込んだり、現地の人間を篭絡して情報を得たりといった、いわゆるヒューミントによる諜報活動ではなかなか得られなかった情報が、遠隔操作でいとも簡単に盗むことができたわけですから、「サイバー攻撃とはこんなにすごいのか」と〝首領様〟が喜んだのも無理からぬことだったと言えます。

三菱重工業の情報を狙ったサイバー攻撃

その際、日本に関しても「例えば、三菱（重工業）はどうなんだ?」と具体的に企業名を上げて部下に尋ねたという証言も前記の人物から出ています。これに関連しては、当時、日本の捜査当局が得ていた別の極秘情報として、朝鮮総連の職員が三菱重工の社員名簿を手に入れようと画策していたという興味深い話があります。サイバー攻撃を行うに際しては、何らかの糸口となる事前情報があれば有利です。三菱重工はどんな組織構成なのか、どういった人物が所属しているのか等を、あらかじめ知っておいたほうが当然ながら都合がいいわけです。

そして、数年後の２０１１年12月、まさに三菱重工業がサイバー攻撃を受けるという事件が起こりました。この事件は結局、犯人の特定には至らず、日本の司法当局は立件を断念しましたが、関係するサーバーが中国在住の人物名義で契約されていたことや、ウイルスのプログラムに中国語が使われていたことなどから、おそらく中国の仕業だろうと報道されたことを記憶している人も多いことでしょう。しかし、上に述べたことから想像されるように、真犯人は中国ではなく北朝鮮だったという可能性も完全には否定できないのです。

そもそも、サイバー攻撃の最大の特徴の一つは、攻撃者の特定が極めて難しいという点です。一般にサイバー犯罪では、自分が犯人であることを隠すために、「なりすまし」や「踏み台」と呼ばれる攻撃の方法がとられます。

「なりすまし」とは、発信元のアドレスを書き換えることで、自分でない誰かの発信に見せかけるという方法です。「踏み台」は、第三者のパソコンやサーバーなどを乗っ取り、不正アクセスの中継地点として利用するやり方です。自分のパソコンや自社のサーバーが知らぬ間に「踏み台」にされてしまえば、たとえば不正アクセスや迷惑メール配信などの犯人として濡れ衣を着せられる可能性もあるということです。2012年の遠隔操作ウイルス事件で、警察が4人の無実の人たちを誤認逮捕したのは、まさにこれらのやり方の実例であったというわけです。

こうして見ると、三菱重工を攻撃した犯人も普通なら足が付かないように、なんらかの偽装をすると考えるのが妥当です。もし中国が本当に犯人であるならば、わざわざ発信源が中国とわかるような間の抜けたやり方をするのか？　という疑問も当然でてきます。

ここで、北朝鮮のサイバー部隊の主力は、朝鮮人民軍偵察総局の所属で、主な実行部隊は北朝鮮ではなく中国国内に所在していると言われていることを指摘したいと思います。したがって、仮に北朝鮮のサイバー部隊が〝首領様〟（金正日）や〝将軍様〟（金正恩）の指令を受け、米国や日本の情報を盗むために、好き勝手に、なんの配慮もせず、サイバー攻撃を行えば、やった行為はすべて「中国発」に見えてしまうというわけです。国際的には、中国のサイバー攻撃は2000年初頭から盛んになったと見られているわけですが、その理由は大半が「発信元が中国だから」ということになっています。しかし、実際には、それらの一部は、北朝鮮が中国国内から行っていたサイバー攻撃だった可能性も否定はできないということになるのです。

ウイルス製作に日本製のPC98が使われていた

こうした中、おそらく北朝鮮による最初の大規模なサイバー攻撃事件として記憶されているのが２００９年7月の大規模なＤｏＳ攻撃です。このときは米国と韓国で20以上の政府機関系サイトに攻撃がしかけられたと報じられています。

韓国の国家情報院（国情院）はいち早く「北朝鮮が関与している可能性」との声明を出しましたが、もちろんそれを示す明白かつ確実な証拠はありませんでした。

一方で、そのときのウイルスを専門家が調べた結果、興味深い事実もいくつかわかっています。たとえば、ウイルスの攻撃対象の中に、韓国軍の特注ワープロで作成したファイルが含まれていたのですが、実はこの２００９年当時、このワープロのソフトは既に10年ほど前から使われておらず、韓国の関係者でも存在すら知らない人がほとんどでした。もちろん、我々日本の専門家も知りませんでしたし、おそらくアメリカでもそうだったと思います。つまり、発信元がそのような極めて特殊な韓国のワープロソフトの事情を知っていたことから、犯人が韓国の内部事情について極めて詳しくコアな情報を持つ一方で、その情報が意外に古いということから、ある意味世間知らずの不思議な犯人であるということが推察されたのです。

また、興味深いことに、このウイルスにはShift_JIS（シフトジス）という文字コードの痕跡がありました。シフトジスとは、コンピューター上で日本語を表示するためのコードの一つで、ＮＥＣが開発した「ＰＣ98シリーズ」という初期のパソコンでも使われていました。ご承知のとおり、日本のＰＣ98は、やがて日本ＩＢＭが開発したＤＯＳ／Ｖ系のパソコンに駆逐され、受注生産は２００３年に終了。パソコン自体は、今は市場に存在すらしていません。

ところが、これより少し前、これもまた別のルートからの情報として、日本の捜査当局がある情報を入手していました。すなわち、秋葉原の某工場の倉庫に、売り物にならず山積みになっていたPC98シリーズのパソコンを、朝鮮総連の職員たちが安値でまとめ買いしていったという事実です。既にパソコンとしては〝化石〟状態ではありましたが、それでも、十分にウイルスのプログラムは作れましたし、そのための訓練にも使えたと思われます。ですから、資金不足で最新機種が買えなかった北朝鮮当局が、朝鮮総連経由でPC98を入手し、それで作られたウイルスをサイバー攻撃に使ったと考えることはできるかもしれません。

ちなみに、2009年7月のサイバー攻撃の翌8月、北朝鮮人民軍の偵察局121部隊が、金正日氏から表彰されたという報道が北朝鮮から発表されています。その表彰が、米韓に対するサイバー攻撃の一定の成功を称えたものであるかどうかは断定できませんが、点と点を結ぶことで、そうした筋書きを可能性の一つとして考えることはできるでしょう。

韓国の大手マスコミと金融業者を狙った裏の意図

2009年ころから増えはじめた北朝鮮の犯行と指摘される韓国へのサイバー攻撃は、その後も続きます。2013年3月には韓国の大手マスコミ3社（韓国放送公社、文化放送、YTN）と、金融業者3社（新韓銀行、済州銀行、農協）が攻撃を受け、計6社の内部端末パソコン約4万8000台が使用できくなり、韓国における過去最大のサイバー攻撃事件として、韓国社会に大きな衝撃を与えました。被害総額は８６７２億ウォン（現行レートで約８５２億円）と報じられていますが、実際の被害金額は、これよりもはるかに大きいともいわれています。

日本のメディアも、ＮＨＫが翌月のニュースサイトで、「北朝鮮偵察総局によるもの」と断定的に報じ、「確認されたマルウェアは76種類」「その半数近くは過去に北朝鮮が行ったサイバー攻撃で使われたものと同じ」と伝えています。

このときの攻撃は、パソコンの起動に必要な情報が書き込まれている内部領域を書き換えることで、パソコンを起動できなくするというもので、被害にあった銀行では一部のＡＴＭが使用不可能となりました。

この事件の注目すべき点は、攻撃対象が３つの放送事業者と、３つの金融機関という形で明確に絞られていたということです。特に、韓国の金融機関は中央銀行や専門銀行、地方銀行などに分類されるのですが、この事件ではそれぞれの分類の中から、きれいに一行ずつ攻撃対象が選ばれています。攻撃対象が実にくっきりとしているわけです。

サイバー攻撃には、特定のターゲットをピンポイントで絞り込む方法と、絞らずにばらまくやり方の２通りがあります。この事件はもちろん前者でした。

おそらく犯行の目的は金ではなく、サイバー攻撃の事実が公になることで、国内外で大きな騒ぎとなり、結果として衆目を集めることにあったのではないかと考えられます。というのも、一般の企業がサイバー攻撃されて被害を受けた場合、その事実を隠蔽してしまい表に出ないケースが実は非常に多いのです。事実が発覚してしまえば株価にも響きますし、何より企業の信用や名誉に関わります。お客様にも迷惑がかかることでしょう。実際、日本の企業もかなりサイバー犯罪の被害にあっていると言われていますが、被害事実を公表している例はごく一部と見られています。

一方、対象がマスコミであれば、彼らは希少価値の高いニュースとして大々的に報じるでしょうし、金融機関もATMなどが支障をきたせば、お客様も騒ぎ出すし、監督官庁などへ事情を説明するしかなく、隠し通すことはできるものではありません。

もし、攻撃の意図が、韓国経済への打撃だったり、企業からの金銭の搾取であったりするのならば、マスコミや銀行などではなく、はじめからサムスンやヒュンダイなどの大財閥系の企業を狙ったはずです。そして、このときのサイバー技術を見る限りでは、それは十分に可能だったはずです。

おそらく、北朝鮮には、この攻撃を大々的に行うことにより、韓国、アメリカに北朝鮮のサイバー技術力を知らしめ、ゆくゆくは水面下で金銭や油をよこせという外交交渉を有利にしようという意図があったのではないでしょうか。

ちなみに、金正日が死去し、金正恩が新たな朝鮮労働党委員長（当時の呼称は朝鮮労働党第一書記）に就いたのが2011年。つまり、この大規模なサイバー事件はその直後の時期にあたります。ですから、権力の基盤がまだ脆弱だった金正恩氏が、実績を人民にアピールして地位を固める一つの方法として、サイバー攻撃を行ったと見ることはできます。もちろん、今の金正恩氏なら、日本や韓国から支援を引き出し、アメリカを交渉のテーブルに引きずり出すためには、弾道ミサイルを撃つことも躊躇しないでしょうが、当時の金正恩氏はまだ経験の浅い30歳そこその若き指導者でした。たとえ脅しといえども、アメリカを相手に軍事行動に踏みきることへ、一定の躊躇があったとしても不思議ではありません。しかし、サイバー攻撃ならば軍事行動ほどのリスクはありませんし、そもそも発信元が特定できなければ、言い訳はなんとでもできます。その上で自国のサイバー技術の脅威を世界へ知らしめることにもつながります。

さらに、このやり方を続けることで、結果としてアメリカを交渉の場に誘うことも可能になるかもしれません。米国大統領と会談でもできれば最高です。つまり、大砲やミサイルといった武力攻撃を行う代わりに、大規模なサイバー攻撃を外交戦略として行ったのではないか。サイバー攻撃が現代における拡張された戦争の手段の一つとも言われるゆえんです。

金儲けの手段「ランサムウェア（身代金要求型ウイルス）」

このように、サイバー技術の力に目をつけ、４つめの非対称の軍事力として研究を重ねてきた北朝鮮ですが、当時のサイバーの主な使い方は、このように技術情報の収集や国家としてのメッセージを送るための一つの手段だったと見られています。

それが、近年は明確に金儲けの手段として確立してきたようです。優れたサイバー技術者が育ってきたので、ソフトウエアの開発やネット上のカジノの運営など、まずは合法的な外貨稼ぎを行うようになりました。そして最近では非合法な商売にも手を染めるようになったようです。その一つが最初に述べたランサムウェアと呼ばれるウイルスの利用による金稼ぎです。

ランサムウェアは、かつてはリアルな世界の誘拐と同じように、相手のシステムに入り込んで重要な情報を盗み出し、それを〝人質〟に金銭を要求していました。しかし、苦労して防護システムをかいくぐって潜り込んでも、外へ持ち出すためには、ゲートウェイと呼ばれる「関所」のような装置がデータの出入りを監視しているため、あまりに大きなデータの移動や不自然な動きがあれば、発見されてストップがかかってしまいます。

そこで、世界のサイバー犯罪者達は、必ずしも苦労して大量のデータを持ち出す必要はないということに気づきました。つまり、ウイルスを侵入させて相手のデータに暗号をかけ使用できなくしてしまい、その見返りに金を要求し、払った相手には暗号を解くという方法です。これが今のランサムウェアのトレンドとなっています。

狙われたバングラデシュ中央銀行

こうした中、2016年2月にバングラデシュ中央銀行へのサイバー攻撃事件が起きました。セキュリティソフト大手の米シマンテック社の幹部は今年、米上院の国土安全保障・政府問題委員会の場で、「北朝鮮に拠点を持つグループが、バングラデシュ中央銀行から8100万ドル

（約92億円）を盗んでいた」と証言しました。

さらに同幹部は、バングラデシュ以外にも、エクアドルやベトナム、フィリピンの銀行など、セキュリティが比較的甘いとされる途上国の金融機関が、相次いでサイバー攻撃を受けたとの調査結果を示し、従来のサイバー攻撃が個人によるものだったのに対し、「北朝鮮が国ぐるみで犯行に及ぶようになっている」とも述べています。

奪われた多額の金は、核やミサイル開発の資金源になっていると見られ、国連が北朝鮮に対して行っている経済制裁も効果が大幅に薄れているとの懸念が広がっています。

また、２０１７年5月12日頃から、ワナ・クライと呼ばれるランサムウェアが世界中へ拡散していることが確認されているのは前述の通りです。イギリスでは国民保健サービスのシステムが止まり、病院のシステムも停止して手術の中止を余儀なくされるなど深刻な事態を引き起こしています。日本でもJR東日本や日立製作所などが攻撃を受けました。攻撃による被害は約１５０カ国にまで広がっていると報じられています。

ワナ・クライ自体は10年ほど前から登場しており、これを利用したロシア系の地下組織の犯行も多いため、この5月以降のサイバー攻撃が北朝鮮によるものとは断定できませんが、米シマンテックは、北朝鮮と関連があるハッカー集団が仕掛けた可能性が高いとの見方を示しました。また、米グーグルの研究者が、「ラザルス」と呼ばれる北朝鮮のハッカー集団が過去に作成したとみられるウイルスと、ワナ・クライとの類似性を発見したと伝えています。さらに、ロシアのセキュリティ企業、カスペルスキー社も同じく両者の類似点について指摘したと報じられています。

今回の件で特筆すべき点は、身代金を払ったのに暗号を解いてもらったという例がまだ報告されていないことです。これは、実はこの種の犯行では絶対にあってはならないことです。というのも、ランサムウェアによる身代金搾取の鉄則とは、「被害者との〝信頼〟を崩さない」ということだからです。つまり、身代金を払ってもらったら100%約束を守り、必ず暗号を解いてあげるということ。この〝信頼〟があるからこそ、被害者は警察に相談せず、こっそりと水面下でお金を払うのです。それが守られなければ、次からはビジネスが成り立ちません。ところが今回は、身代金を払ったのに暗号を解いてもらったという事例が一例も報告されていません（2017年7月現在）。

日本のある技術者から直接聞いた話によると、どうやらウイルスの完成度が低くバグがあるために、お金を払っても犯人がそれを正しく認識できないという事態になっているようです。それどころか、別の方法で暗号がほどけてしまうという事例も報告されています。

このように見ると、どうも本職のサイバー犯罪者がこの事件を起こしたとは考えにくいというのが私の感想です。そこで、仮にこれが北朝鮮の関係機関によるものであるならば、その中でも比較的能力が低い人物の仕事であるという可能性はあるかもしれません。真相は藪の中ですが、今後新たな事実が明らかになることが期待されます。

北朝鮮のネットワーク事情とは

最後に、最近の北朝鮮のサイバーに関する情報ですが、国民によるいわゆるインターネットの利用は相変わらずできないものの、同様のインターネット技術を用いた国内のネットワークは作られており、かなりの制約はあるらしいですが、それでも我々が普段利用しているのと同じような、検索ソフトやソーシャルネットワークシステムは存在しているとのことです。実はこのことはかなり前からわかっていました。

もちろん、この国内イントラネットは世界とは繋がっていないわけですが、これとは別に中国経由で1本だけ平壌に線が伸びており、どうしても必要な人はそこから世界につながるようになっていると言われています。ちなみに、この線の端末は1024個あり、管理グループが2つあるという変わった構成だということもある程度知られていました。

現在、その線は、おそらくVPN（暗号を利用して仮想的に独立したネットワークを作る仕組み）を利用して、国内の他の都市に伸びている可能性があることを指摘する研究者もいますし、本数も4本に増えているのではないかという意見もあります。さらに、この中国経由の有線だけではなく、衛星回線を用いて国外と連接している様子も観測されているとの情報もあります。

いずれにせよ、北朝鮮はサイバー技術に早くから注目し、着々とその技術力を向上させ、情報収集、外交の手段、外貨稼ぎなどを行いながら、有事には軍事的なサイバー攻撃を実施できるべく組織的な努力を続けていると考えられ、現在、その能力はかなり高いとみて良いと思います。差し迫った脅威である弾道ミサイルにどうしても目が行きますが、サイバーという新たな脅威にも我が国はしっかり備えていくべきです。

伊東寛（いとう・ひろし）
1955年京都府生まれ。経済産業省大臣官房サイバーセキュリティ・情報化審議官。工学博士。慶応義塾大学大学院（修士課程）修了後、陸上自衛隊入隊。技術、情報及びシステム系の指揮官・幕僚などを歴任。陸自初のサイバー戦部隊であるシステム防護隊の初代隊長。2007年に退官後、株式会社シマンテック総合研究所主席アナリスト、株式会社ラック常務理事・ナショナルセキュリティ研究所所長などを務めた後、2017年5月より現職。サイバー戦争の第一人者として、官庁、大学、公益法人、企業及び各種イベントやセミナーなどでの講演や新聞・雑誌などへの寄稿、テレビやラジオなどでコメントなど多数実施。主な著作に『「第5の戦場」サイバー戦の脅威』（祥伝社）、『サイバー・インテリジェンス』（祥伝社）、『サイバー戦争論』（原書房）等がある。

第2章

北朝鮮をめぐる各国の思惑

トランプ大統領と習近平国家主席が交わした密約

北朝鮮をめぐる中国とアメリカの思惑

北朝鮮問題をめぐって両国間で行われた壮大な駆け引きとは

東京福祉大学国際交流センター長／筑波大学名誉教授
遠藤 誉

「ちょっと説明したいことがあるのだが……。実はたった今、シリアに59発のミサイルを撃った」

トランプ大統領が習近平《しゅうきんぺい》国家主席にそう告げたのは、今年（２０１７）４月６日の夕方。フロリダにあるトランプの豪邸「マール・ア・ラーゴ」における米中首脳会談初日の晩餐会で、「見たこともないほど、きれいなチョコレートケーキ」を食べているときだった。

習近平はこのとき、10秒間も沈黙したあと、通訳を通して「もう一度、説明してほしい」と聞き返したという。４月12日のＦＯＸビジネスのインタビューで、トランプがその瞬間を振り返って説明した。10秒間も沈黙するというのは、テレビやラジオだったら、「放送事故」に相当する

2017年4月6日の米中首脳会談での晩餐会の様子。王滬寧はいない（写真：The New York Times/アフロ）

くらいの長さだ。

習近平はなぜ、そんなに長い時間、何も言えずにいたのか？

それは彼の隣に、王滬寧《おうこねい》がいなかったからである。

王滬寧は習近平のブレイン。江沢民《こうたくみん》、胡錦濤《こきんとう》そして習近平と、三代にわたる中国のトップに仕えている中国最大の知恵袋だ。習近平が海外出張する際には必ず彼が傍にいて、咄嗟《とっさ》の判断を習近平の耳元で囁《ささや》く。そのためにいつも習近平の隣に座って、重要な対談に入ると少し椅子を後ろに引いて、習近平にのみ聞こえるように、顔が耳元近くになるような位置にいる。

晩餐会はトランプ夫妻が習近平夫妻を招待したもの。アメリカ側はトランプ夫妻と娘のイヴァンカ夫妻、そして中国側は通訳を除けば習近平夫妻だけだった。隣には王滬寧がいなかった。

日本人で王滬寧の名を知っている人はそう多くはないと思うが、アメリカの政界では知られている。たとえば2015年9月30日のニューヨーク・タイムズは、王滬寧を特集し、彼が習近平の最も重要なブレインであると報道している。トランプはこの事実を知っていて、王滬寧がいないチャンスを狙ったのだろう。

どう答えていいか分からなかった習近平は、「シリアが化学兵器を使用することは良くないことで、子供たちがその犠牲に遭って苦しむ姿」を例にとって、「懲罰を与えなければならない」とするトランプの説明に、「アメリカが武力攻撃したことを理解することができます」と回答してしまったのである。それだけではない、「私に攻撃の事実を教えてくださり、説明をしてくださったことに感謝します」とさえ言ったのだ。

何ならアメリカが単独で行動してもいい

習近平一行は訪米にあたり、「トランプは次の瞬間に何をするか、何を言うか予測できない人物なので、ともかく〝笑顔でやり過ごそう〟」と言い合わせてあった。というのは、この訪米が成功するか否かで、2017年秋に開催される第19回党大会成功の可否が決まると考えていたからだ。3月18日、米中首脳会談の下準備をするために北京を訪問していたティラーソン米国務長官は、19日に人民大会堂で習近平主席と会談し、次のように述べている。

「アメリカは喜んで、〝衝突せず、対抗せず、相互を尊重し、ともにウィン－ウィンの精神で対中関係を発展させたい〟と望んでいる」

これは2013年6月に習近平がアメリカのカリフォルニア州にあるアネンバーグ邸を訪れてオバマ（前）大統領と会談したときに言った言葉とまったく同じである。習近平はオバマにつぎのように言っている。

「中国は喜んで、〝衝突せず、対抗せず、相互を尊重し、ともにウィン－ウィンの精神で対米関係を発展させたい〟と望んでいる」

つまり「アメリカ」を「中国」に、そして「対中」を「対米」に置き換えれば、これこそはまさに、中国が唱えた米中による「新型大国関係」（G2）を定義する際に用いた言葉なのだ。しかしオバマは習近平が提唱した「新型大国関係」に関して、「聞いていないふり」をして、スルーした。

だというのに、ティラーソンは「新型大国関係」の定義のようなフレーズを、アメリカと中国を逆転させたような表現で、トランプの伝言として習近平に伝えたのだ。

さらに「これからの未来50年間にわたる米

習近平の懐刀、王滬寧（写真：photoshop／アフロ）

中関係発展の方向性を確定するために、米中会談に期待している」という、トランプの言葉を伝達した。

習近平の喜びようは尋常ではなかった。中国ではこれを「外交勝利」と位置付け、この言葉をもって「新型大国関係」が「習近平・トランプ」政権下で、ようやく実現すると胸を張っていた。

にも拘《かか》わらず4月2日、トランプは「もし中国が協力しなければ、北朝鮮に対してアメリカ単独での行動もあり得る」と発言。重ねてヘイリー米国連大使が「北朝鮮は中国の言うことを聞くはずだ」と述べ、米国として中国に北朝鮮への圧力を強化するよう要求することを明確にした。

中国としては北朝鮮の金正恩《キムジョンウン》が中国の言うことを全く聞かず、核・ミサイル開発を続けていることに腸《はらわた》が煮えくり返る思いをしており、そのため習近平政権誕生以降、一度も中朝首脳会談を行っていない。それくらい仲が悪い。

それでも中国としては、北朝鮮という「緩衝地帯」を失うわけにはいかない。しかし北朝鮮の核・ミサイル開発に関しては、中国は絶対に反対だ。その理由は後述するとして、中国はその激しいジレンマに追い込まれているのが実情だ。

したがってヘイリー国連大使の言葉は当たらないとみなしていたし、トランプの「何なら米国単独で」という言葉も口先だけの脅しと受け止めていたので、中国政府としての見解は一切出していなかった。まるで猫の目のように変わるトランプ発言に対しては、ともかく「笑ってかわそう」と中国は決めていたのである。

しかし、よもや、おいしいチョコレートケーキを食べながら、「シリアに59発、ミサイルを撃ったよ」と告げられるということまでは、さすがに想像していなかった。米中首脳会談第一日目の晩餐会が終わると、習近平一行は、そそくさと宿泊先に引き上げてしまった。そして王滬寧と相談したにちがいない。

――電撃的なシリア攻撃は、トランプ大統領の「何なら北朝鮮に対してアメリカ単独で行動してもいい」という言葉が、脅しではなく「本当に実行されるかもしれない」という現実味を帯びてきた。ということは、シリア攻撃は「北朝鮮攻撃」の予行練習のようなもので、それを肯定したのは、まずかったのではないか。シリアの後ろ盾にはロシアがいる。シリア攻撃を肯定したということは、ロシアに反対したことになり、中ロ関係にヒビが入るのはまずい。とりあえずここは、やはり笑顔でスルーしてしまおう。そして共同記者会見もしなければ、共同声明も出さないことにする。それ以外のことは、帰国してから戦略を練ろう。

対話のために、中国の為替操作国指定を撤回するトランプ

こうして米中首脳会談の2日目である4月7日、米中代表がそれぞれ細長いテーブルを挟んで向い合せにずらりと並んだとき、王滬寧は習近平の耳元辺りに顔がある形で、ピタリと習近平のそばを離れず、会談を終えた。会談で、トランプ大統領の北朝鮮への制裁強化に対して、習主席は黙っていたものの、武力攻撃に関しては「米朝の対話以外にない」という持論は譲らなかった。

4月7日の日米首脳会談。習近平のとなりには王滬寧がいる（写真：新華社/アフロ）

帰国後、ピンチに追い込まれた習近平は王滬寧のアドバイスを受け、「ピンチをチャンスに切り替える戦略」に出る。「シリア攻撃を容認したからには、徹底的に米側に付くしかない。それを逆利用して北朝鮮を恐怖に追い込んで平和解決へと持ち込み、かつ米中の〝新型大国関係〟も築く」。それが王滬寧の出した結論だったにちがいない。

4月12日、習近平はトランプと電話会談を行った。公表された会談内容以外に、そこには「米中蜜月によって北朝鮮を追い込もうとする世紀の大芝居」を演じようとした二人の密約があったのではないかと、直後のトランプ発言から推測することができる。

会談直後、トランプは米紙ウォールストリート・ジャーナルの取材を受けて、「米財務省が近く公表する為替報告書で、中国を為替操作国に認定しないだろう」と回答している。トランプは大統領選中から、中国は米国市場での輸出競争力を高めるために人民元の対ドルレートを低く操作していると断言し、大統領就任初日には、中国を為替操作国に断固認定すると公約していた。

それが一転したのには、トランプ大統領が、「私に対する信頼が高すぎるためドルが強すぎる」としてドルに対する姿勢を軟化させたことも背景にはあろうが、別の深い理由があった。なぜなら、ウォールストリート・ジャーナルの取材に対して、トランプ大統領は7日の米中首脳会談で習近平国家主席に、おおむね以下のような話をしたことを明かしているからだ。

――私（トランプ）は現在のような対中貿易赤字が続くことを望んでいない。もし、あなた（習近平）も貿易でビッグ・ディール（big deal、大口取引）を望んでいるなら北朝鮮問題を解決することだ。北朝鮮問題を解決してくれさえすれば、私は貿易赤字を甘受することができる。

そして「なぜ中国を為替操作指定国とするとした公約を撤回したのか」というウォールストリート・ジャーナルの記者の質問には、

――もし今、中国を為替操作国に指定すれば、北朝鮮の脅威に関する（米中間の）対話が危うくなる。今は北朝鮮問題の協力に集中するほうが、為替操作国に関する公約を守るよりも、ずっと重要だからだ。

こんなことまで明かしてしまっていいのだろうかと思うほど、舞台裏をペラペラと話してしまった。それだけではない。トランプは「習近平は実にいい奴だ。彼とは気が合う（chemical、化学反応がいい）。（北朝鮮問題に関しては）彼なら必ずうまくやってくれると信じる」という主旨のことまで言って、習近平を褒めそやしている。

さらに12日の電話会談の内容に関しても、トランプが習近平に、

――あなたは北朝鮮に核や核兵器を持たせてはならない。空母カール・ビンソンが朝鮮半島に移動したのは、北朝鮮のさらなる行動を阻止するためだ。あなたが金正恩に「米国は空母だけでなく、原子力潜水艦も持っている」ということを知らせるように。

という主旨の話をしたことまで、「暴露」してしまっているのである。

米中の蜜月を演出して北朝鮮を脅す作戦

一方、中国側の動きを見れば、12日の電話会談と同時に、中国共産党系のメディア「環球時報」が「北朝鮮は自国の安全保障のため、核・ミサイル開発を中止すべきだ」という社説を載せた。中国は首脳会談前の２０１７年2月18日、すでに「北朝鮮からの石炭輸入を全面的に停止する」と発表している。輸入禁止措置は2月19日から２０１７年いっぱいとなる。首脳会談後の４月14日にはさらに石油の輸出も減らす意向を示し、４月14日には、中国国際航空が北京発平壌《ピョンヤン》行きの運航を一時停止すると決定したのである。北朝鮮の観光収入にも制裁を加えた形だ。

それに対して北朝鮮の外務次官は14日、海外メディアの取材を受けて、「最高指導部が決心した時に核実験を行う」などの強硬的な発言をしている。

しかし一方では、4月11日に平壌で開催された北朝鮮の最高人民会議では、19年ぶりに外交委員会を復活させている。これはほかでもない、対話の準備を意味する。

以上のことから、二つのことが推測される。

一つは、12日の「習近平・トランプ」電話会談において、両者がある約束を交わした可能性だ。すなわち、中国が北朝鮮に米中の親密さを見せつけ「もし北朝鮮が核・ミサイルで暴走し、米国が北朝鮮を武力攻撃したときには、中国はアメリカ側に付く可能性さえある」と北朝鮮を脅すと、トランプ大統領に約束したのではないか、ということである。

北朝鮮に対して、中国がそのような行動をとる可能性が現実味を帯びるように、習近平国家主席はトランプ大統領に「私（習近平）と、いかに親密であるかを発信してほしい」と頼んだ。だからトランプ大統領は、あれほどまでに習主席を褒めちぎった。こうすれば北朝鮮への脅しの現実性が増す。

結果、中国としては世界に米中蜜月をアピールすることができ、「一粒で二度おいしい」。

この前提が維持されていれば、朝鮮半島海域における米軍の軍事配置が緊迫感を増せば増すほど、中国には有利に働く。米中首脳会談前までは、中国は盛んに「両暫停（両方が暫定的に停止する」という言葉を使って「米韓合同軍事演習」と「北朝鮮の核・ミサイル開発」の両方を、同時に暫定的に停止して、話し合いのテーブルに着くべきだと主張していた。

しかしアメリカは3月と4月に行われた米韓合同軍事演習において、原子力空母カール・ビンソンを中心とする艦隊まで繰り出すという、史上最大規模の演習によって北朝鮮を威嚇した。

北朝鮮が経済制裁では委縮しないことを中国は知っている。北朝鮮は160か国以上と国交を持っているのだから抜け道がある。だから中国にとって北朝鮮に対する最も有効なカードは「米国側に付くぞ！」という脅しだ。

もう一つの可能性はもっと単純で、トランプ大統領による習近平主席に対する「褒め殺し」だろう。トランプはさまざまな機会を通して「習主席は実に尊敬に値する。彼ならきっと、北朝鮮問題を解決してくれるだろう」というメッセージを発し続けてきた。

これは習近平にとっては大変なプレッシャーであるとともに、やはり絶好のチャンスでもある。というのは北朝鮮に対して「これこの通り、トランプから追い詰められているので、やむなく北朝鮮に対して厳しい措置を採るしかない」と弁明することもできるからだ。

いずれにしても、米中蜜月を演じて北朝鮮に圧力をかけ、譲歩を引き出そうとする中国の方針に変わりはない。米中は北朝鮮の核・ミサイル開発反対という点においては完全に一致している。その方法が違っていただけなのだが、今や両者がその方法をさえ共有しながら連係プレーを展開しているように金正恩には見えただろう。

中国が北朝鮮の核・ミサイル開発を反対する理由

その証拠をいくつかお見せすることにしよう。

4月22日、「環球時報」は、「ワシントンは北京に過分な期待をかけるが」という社説で、中国が軍事介入をするケースを解説している。「環球時報」には習近平の意思がストレートに反映されていると見ていいので、詳細に考察する。

社説はおおむね以下のように書いている。

――北朝鮮の核施設は中国のすぐ近くにある。放射能汚染を受ける可能性が非常に高い。それが防げない状況が来たら、中国は遠慮しない。中国は国連安保理の決定に従い、さらなる厳しい経済制裁を北朝鮮に加えていくことになるだろう。北朝鮮への石油の供給を大幅に減少させるというのは、その対応の一つだ。完全に石油を断つことは北朝鮮に人道主義的な災難をもたらすので、その最低ラインは守らざるを得ないが、石油を断つ程度がどこまでかは、国連安保理が決める。工業システムも打撃を受けるだろうが、平壌の自業自得だ。

誰もが最も気になるのは、中国の軍事介入だろう。「環球時報」は、その問題に堂々と踏み込んで書いている。社説のその部分を見てみよう。

――戦争が起こることには反対するが、しかし万一戦争が始まった時には、中国はどのような立場を取るかに関して、米朝に通告する。もし北朝鮮が核・ミサイルの活動を展開し続け、米国がそれらの施設に外科手術的（＝武力的）攻撃をしたならば、中国は（戦争行為をしたことに対して）外交的抗議を表明するだろうが、軍事的介入はしない。ワシントンは北朝鮮が（韓国の）ソウル地区に報復的攻撃をするであろうリスクを十分に考えなければならない。これらのリスク

は米韓にとって耐え難いほど重いものとなるだろう。（中略）

ひとたび米韓軍が38度線を越えて北朝鮮への地上の侵略を行い、直接北朝鮮政権を転覆させたならば、中国は直ちに必要な軍事介入をする。我々は絶対に武力的手段を通して北朝鮮政権を転覆し朝鮮半島を統一するような事態は許さない。この点に関しては、北京はワシントンとソウルに明確に言っておく。

これはつまり、核・ミサイル施設に対するピンポイント攻撃であれば、中国は「軍事的介入をしない」と宣言していることになる。なぜなら、中国は北朝鮮の核・ミサイル開発には徹底して反対している。その理由を以下に述べる。

1．自国の隣に軍事大国ができ上がって欲しくない。北朝鮮はもともと旧ソ連が誕生させた国。

1960年代から表面化した中ソ対立においてはソ連側に付き、中国を蔑んだ。

1964年に中国が核実験に成功したとき金日成《キムイルソン》（金正恩の祖父）は毛沢東《もうたくとう》に核技術の指導支援を申し出たが、毛沢東は一言のもとに断わっている。金日成を信用していなかったからだ。朝鮮戦争（1950年6月～53年7月）を仕掛けたのも金日成で、旧ソ連のスターリンと組んで、毛沢東を追い込んだ。毛沢東は長男・毛岸英《もうがんえい》を朝鮮戦争で亡くした。しかし金日成は朝鮮戦争後、中国（中国人民志願軍）の支援を軽んじ、毛岸英の墓碑を粉々に破壊した。そのため1968年、毛沢東は中朝国境を封鎖したことさえある。こんな北朝鮮なので、いつ中国を裏切るか分からず、中国は北朝鮮を信用していない。

2. もし北朝鮮が強大化して朝鮮半島の南北統一を断行したら、すぐ隣の中国吉林省延辺朝鮮族自治州にいる中国籍朝鮮族の多くが、「祖国」に戻ろうとするだろう。それはチベットやウイグルなど、他の少数民族の独立運動を刺激する。となれば中国共産党による一党支配体制は崩壊する。だから中国は北朝鮮の軍事的強大化を望んでいない。

3. 北朝鮮のミサイルが中国に向かってこない保証はない。

4. 北朝鮮の核実験施設は、わざと中朝国境近くに設置してある。地下実験は中国の東北地方一帯に放射能汚染をもたらす。

5. 北朝鮮が核保有国になれば、必ず韓国も核を持とうとする。となれば日本が核を持とうとしないはずがない。中国はそれだけは、どんなことがあっても許さない覚悟だ。だから北朝鮮が核保有国になることにも反対なのである。

我々北朝鮮は、生命と同然の核と引き換えに哀願などしない

おおむね以上が中国の考え方だが、それならいっそのこと、あくまでも仮にだが、「アメリカが金正恩個人へのピンポイント攻撃」をした場合は、どうだろうか。おそらく「見逃す」可能性の方が大きい。

一方、中国には絶対に譲れない一線がある。

朝鮮半島を米韓が統一して「民主主義政権」を米国主導で形成することだけだ。これだけは絶

対に認めない。陸続きに米軍が駐留するなどということは、どんなに米中蜜月といえども、承認できないのである。米中蜜月を演じたのは、「北朝鮮に対して示した威嚇」だったが、この最後の「米韓が38度線を越えたら中国が軍事介入する」という宣言は、「米国に対する警告」だ。

これに対して、5月3日、朝鮮中央通信社（朝中社）が中国を名指しで批判した。

北朝鮮が米中首脳会談後に中国を批判するのは、これで3回目。しかし、名指し批判をしたのは初めてのことだ。タイトルは「朝中関係を破壊するような妄動を続けるな」。内容はおおむね、以下のようなものである。

――北朝鮮の核・ミサイル開発に関して、中国がアメリカと歩調を合わせることは許しがたい。中国は南朝鮮（韓国）と（１９９２年に）国交を樹立したが、これは東北三省を含め、朝中の国境沿い一帯と韓国の連携により、対北朝鮮包囲網を完成したに等しい。その証拠に、中国は抗日戦争勝利70周年記念日の軍事パレード（２０１５年）に南朝鮮の朴槿恵《パククネ》を招聘したではないか。過去70年間の反米闘争の第一線において、中国内陸の平和安全を保ってきてあげたのは我々北朝鮮である。中国は素直に北朝鮮の貢献を認め感謝すべきだ。朝中友好がいくら大切でも、生命と同然であるような核と引き換えにしてまで、哀願する我々ではない。中国は無謀な妄動がもたらす重大な結果について熟考すべきだ。

習近平の晴れの舞台で、彼の顔に泥を塗った北朝鮮

これら朝中社の中国名指し批判に対して、「環球時報」は「中朝はハイレベルの対話を通して意思疎通を行う必要がある。核兵器を『北朝鮮の生命』とする過激主義から北朝鮮を解放しなければならない。中国はアメリカが朝鮮半島問題に関して対話に応じるための条件を創り出すという貢献をしたいと思っている。中朝関係を決めるカギは北京の手の中にある」旨の反論を掲載している。

「環球時報」はまた、「中朝友好条約を維持すべきか否か」という論評を、論説委員の署名入りで書いている。中朝友好条約（正式には中朝友好協力相互援助条約）は1961年7月11日に締結されており、この第二条には「参戦条項」があるので、これは「中朝軍事同盟」と位置づけることができる。これを、「何なら破棄しましょうか」と習近平は言ったことになる。

このように、「中国を後ろ盾とする北朝鮮」という、日本の「慣用句」のような言葉は、最初から間違っており、中国にはアメリカへの複雑な抵抗とソ連、北朝鮮へのねじれた思いがあり、一筋縄ではいかない。

中朝貿易に関しても同じこと。盛んになったのは1990年代に入ってからのことだ。1991年12月にソ連が崩壊すると、北朝鮮はソ連から核・ミサイル技術者を大量に呼び込みながら、今度は中国に接近しようとした。しかし中国が1992年8月に韓国と国交を樹立すると、北朝鮮は激怒。まだ休戦協定中の韓国は戦争中の敵国に等しい。金日成は、「それなら〝中華民国〟と国交を樹立してやる！」と中国を脅した。それ以降、北朝鮮は中国に対して北朝鮮への「経済支援を強化せよ」という恫喝《どうかつ》外交を始めた。

改革開放を推し進めてきた鄧小平は、北朝鮮にも改革開放を要求したが、北朝鮮は応じようとしなかった。そこで鄧小平は改革開放の良さを思い知らせるために、「辺境貿易」というものを促進し、北朝鮮庶民の商売根性を刺激した。

中朝貿易を大きく分けると、中国政府が認可した企業が行う「一般貿易」と、国境周辺の地方人民政府が許認可権を持っている「辺境貿易」の二種類がある。北朝鮮に関しては、吉林省延辺朝鮮族自治州など、北朝鮮と国境を接する地域が辺境貿易地区と指定されている。1994年には「中華人民共和国対外貿易法」第八章第四十二条に明記し、その後激しい勢いで発展していき、2000年には中朝貿易額は、一般貿易：辺境貿易が3：100に達するに至ったほどだ。

今年4月20日、北朝鮮が「核実験をする」と中国に通告してきたので、「もし核実験をすれば中朝国境を封鎖する」と中国が威嚇したところ、北朝鮮は核実験を取りやめた。韓国にも北朝鮮寄りの文在寅《ムンジェイン》政権が誕生する見込みとなった5月3日、中国は北朝鮮に5月14日に北京で開催する一帯一路国際協力サミットフォーラムへの招待状を送付した。何としても改革開放の道へ誘《いざな》うことを中国はまだ放棄していなかった。ところが習近平の晴れの舞台となるフォーラム開催当日の朝、北朝鮮はミサイルを発射して習近平の顔に思い切り泥を塗ったのである。習近平の目論みは失敗に終わった。

トランプは6月20日、「中国は北朝鮮に核開発を放棄させるために働きかけを行っているものの、これまでのところ失敗に終わっている」と言っている。また、6月29日、北朝鮮との違法な金融取引に関与しているとして、中国の丹東銀行を制裁の対象とすると発表している。

以上、文字数の制限上、ここまでとしたい。詳しい説明は、7月20日に出版された『習近平VS.トランプ　世界を制するのは誰か』（飛鳥新社）にもあるので、ご覧いただきたい。

遠藤誉（えんどう・ほまれ）

1941年中国生まれ。中国革命戦を経験し1953年に日本帰国。東京福祉大学国際交流センター長、筑波大学名誉教授、理学博士。著書に『習近平VS.トランプ　世界を制するのは誰か』（7月20日発売）、『毛沢東　日本軍と共謀した男』、『卡子《チャーズ》　中国建国の残火』、『ネット大国中国　言論をめぐる攻防』、『中国動漫新人類　日本のアニメと漫画が中国を動かす』など多数。

北朝鮮に物資を送り続けるロシアの思惑とは

北朝鮮問題の本当のキーマンはロシアのプーチンだ！

筑波大学人文社会系教授
中村逸郎

――金正恩がミサイル実験を繰り返すことができるのは、ロシアのおかげだと言う。その深層に迫る

歴史的にもロシアとの関係が深い北朝鮮

北朝鮮というと、日本では中国との蜜月ばかりが注目されてきましたが、実は歴史的にはロシアとの関係性のほうが密接です。

第二次世界大戦が終わる間際に、どさくさで参戦してきた旧ソ連が、日本の植民地だった朝鮮半島に進軍して生まれたのが北朝鮮です。いわばロシアは北朝鮮の〝建国の父〟。その北朝鮮を中国の人民解放軍が支援し、中国と北朝鮮は友好国になりました。ロシアにしてみれば、北朝鮮は自分の子どものようなもので、中国はその北朝鮮とは兄弟のような存在でしょう。ロシアにと

ってはどちらも子どもで、親として中国を極めて軽く見ているわけです。

実際、プーチン大統領が中国を見下す態度には露骨なものがあります。２０１７年5月14日に、北朝鮮は「火星12型」というミサイルを発射しましたが、このときプーチンは北京に滞在していました。習近平国家主席が提唱する「一帯一路」に関する国際会議に出席するためです。

ミサイルが落ちたのは、よりにもよってロシアのウラジオストクから約90㎞の地点。本来なら「ロシアに戦争を仕かけているのか」と怒ってもいいところですが、プーチンは涼しい顔で「ロシアへの直接的な脅威とは考えていない」と答えています。

そのうえでプーチンは、迎賓館にあったピアノで、暇つぶしにロシアの軍歌などを弾きながら、「ピアノの調律ができていなくて残念だった。弾くのが大変だった」とおかしな嫌味を言ったのです。つまり、音がずれたピアノを中国に例え、「中国は楽器のメンテナンスもまともにできないお粗末な国だ」と、中国側に遠回しに伝えたわけです。

こうした中国を小ばかにしたエピソードは数多くあり、それほどまでに習近平を嫌い、見下していると見ることができます。そもそも、「一帯一路」という構想そのものをロシアはバカにしていますが、その一番の理由は大国のインドが参加していないからです。

インドは、領土問題で対立が続いているパキスタンが、この一帯一路構想に参加していることを批判し、「だったら我が国は参加しません」という立場をとっています。

しかし、地政学的にも経済規模でも、『シルクロード経済圏構想』にインドが参加しないというのは、プーチンにとってはあり得ない話です。

また、一帯一路は、陸路ではカザフスタンが一つの拠点になりますが、旧ソ連時代の構成国であるカザフスタンは、ロシアにとってはもともと領土の一部です。そのようなカザフスタンを含む中央アジアを、中国が覇権を拡大しようと好き勝手に荒らす行為を、プーチンが黙ってみているとは到底考えられません。一帯一路については、中国がこれから動きを活発化させるほど、ロシアとの軋轢が増すことになると考えられます。

ロシアとは同盟国に近い関係の北朝鮮

北朝鮮は中国と距離を置く一方で、ロシアとは同盟国といってもいい極めて近い関係性を数年前から築き始めています。

ロシア政府が最近発表した貿易統計によると、２０１７年1〜3月におけるロシアと北朝鮮の貿易高は、前年同期比で85パーセント増加しています。エネルギー関連だけをみると実に１３３パーセント増加で、これはつまり、ロシアから北朝鮮へ原油が十分に供給されていることを示しています。北朝鮮への経済制裁がほとんど効いていないと言われるゆえんです。

ちなみに、ロシアは２０２０年までに、北朝鮮との貿易高を現在の10倍にまで拡大するとの政府声明も出しています。したがってこの動きはさらに加速するということです。

北朝鮮カードでサミットの主役になったプーチン

こうした両国の接近の背景を知るには、プーチン大統領と北朝鮮との歴史を振り返ってみる必要があります。プーチンは2000年に、ロシアの第2代大統領に就任するわけですが、初めての外遊先として選んだのが、中国でも米国でもなく、実は北朝鮮でした。そして、同じ2000年に、那覇市では沖縄サミットが開かれますが、そのときの主な議題が北朝鮮の核やミサイル開発の問題でした。

つまり、プーチンは初のサミットへ挑むに当たり、事前に北朝鮮へ直接乗り込んで核開発に関する詳しい情報を直で仕入れ、当時の北朝鮮トップの金正日の声も聞き、その希少な情報を抱えて各国の首脳が待つサミットへ乗り込むというシナリオを、外交戦略として意図して描いていたわけです。

必然的に、サミットの鍵を握るのはプーチンということになりますから、ロシア新大統領の存在感は否応なく世界で高まります。

プーチンはこのサミットに、あえて2時間も遅れて到着していますが、彼が来なければ情報共有はできずに議題も進みませんから、各国の指導者はプーチンの到着を全員で待つような構図になりました。そして、2時間遅れてようやく現れたプーチン大統領の発する言葉を、G7はありがたく拝聴し、結果として世界がプーチンの存在を高く評価する形となりました。

ロシアにとってこの外交戦略は大成功に終わり、これがプーチンにとっての最初の成功体験となりました。以来、北朝鮮マターはプーチンにとって〝使える駒〟になったのです。

当時のロシアの新聞は、「プーチン大統領は世界でもっとも影響力のあるリーダーになった」と大々的に報じ、国民からの支持率も一気に上昇しています。

プーチンが政治家の道に進む前、ＫＧＢのエージェントをしていたという話は有名です。情報戦にかけてはプロ中のプロだったわけです。そのプーチンがこの種の駆け引きに長けているのも当然といえるかもしれません。

その後、北朝鮮では金正日から金正恩へ政権の禅譲が進むわけですが、その過程でプーチンは、北朝鮮に対する１１０億ドル（約1兆２０００億円）の借金を、ほぼチャラにしてあげるという大盤振る舞いを２０１１年に行っています。

このとき、金正日は死去する4カ月前に、病をおして鉄道で一週間かけてモスクワへ行き、プーチンに借金の棒引きを懇願したといいます。これから国を継がせる息子の金正恩のために、累積債務の問題を解決しないことには死にきれないという親心だったのでしょうか。結果、債務の90パーセントを帳消しにする見返りに、ウランやレアアースなどの北朝鮮の地下資源の権益をロシアは獲得しています。

北朝鮮にロシアが送った30キログラムのプルトニウム

ロシアと北朝鮮の蜜月を知るうえで、もっとも重要なキーワードの一つが、北朝鮮の核開発です。国際社会からいくら批判を浴びても、北朝鮮は核開発を止めようとしませんし、その北朝鮮に対してロシアは批判的なコメントを出していません。それどころか、ロシアは北朝鮮の核開発を、実は強く後押ししているのです。

実は北朝鮮が保有していると言われる40キログラムのプルトニウムのうち、30キログラムはロシアが持ち込んだものと見られています。２０１１年以降、何回かに小分けし、継続して運ばれ続けていたと言われているのです。核弾頭1発に必要なプルトニウムは4〜6キログラムと言われていますから、単純計算で核6発分のプルトニウムを、北朝鮮はロシアの支援で保有していることになります。

「ロシアは北朝鮮の核を容認している」という報道を目にすることがありますが、実は容認どころか、ロシア主導と言っても過言ではないのです。むしろ、ミサイル実験などは「ロシアが撃ち上げている」と私などは考えています。

ロシアの目的は、北朝鮮を武装化して自国の管理下に置き、米国や欧州に対して経済制裁を解くための交渉材料とし、一方で中国に対してはけん制材料とすることです。

北朝鮮が危険であればあるほど、国際社会の緊張感が高まれば高まるほど、外交カードとしての威力は増すことになります。事実、ロシアは２０１１年以降、欧米や日本から30回以上にわたって経済制裁を受けており、これによる打撃は極めて深刻です。

トランプ大統領の誕生で、制裁は多少緩まるとの見方もありましたが、現実は８つのロシア系企業が新たに制裁のブラックリストに載せられてしまうなど、逆に強化する方向で進んでいます。これを打破するための武器が、世界中の言うことを聞こうとしない危険な北朝鮮というわけです。北朝鮮をコントロールできるのがプーチン大統領だけだという事実は、国際社会にとっては大きな脅威であると同時に、ロシアにとってはこれ以上ない外交交渉の武器となっているのです。

ロシアが秘かに使う北朝鮮の羅津港

核開発に並んで注目すべきなのが、北朝鮮北東部の羅先《ラソン》経済特区にある羅津《ラジン》港です。ロシアは２０１２年から、この港の49年間の租借権を北朝鮮との契約で獲得しており、ここが東アジアへの輸送拠点として使用されています。

というのも、経済制裁を受けているロシアは、制裁対象となっているウラジオストクやナホトカという商業港を使用することができません。そのための迂回ルートの港として機能するのが羅津港なのです。羅津港が制裁の抜け道となっているわけです。

そもそも、ロシアの港といえば冬場は零下10～20度にまで下がり、流氷が邪魔して本来は貿易には不向きと言われています。極寒の港しか持たないロシアにとっては、冬場も海面が凍らない「不凍港」である羅津港は、極めて理想的な貿易拠点なのです。

実は、ロシアは北朝鮮と、17㎞という極めて短い幅ではありますが、わずかに国境を接しています。この国境沿いの、ロシアにとってもっとも極東の町がハサンです。このハサンから北朝鮮の羅津港をつなぐ54㎞の鉄道の幅を、ロシアは２０１３年にロシア型の規格である広軌道にする工事を行いました。

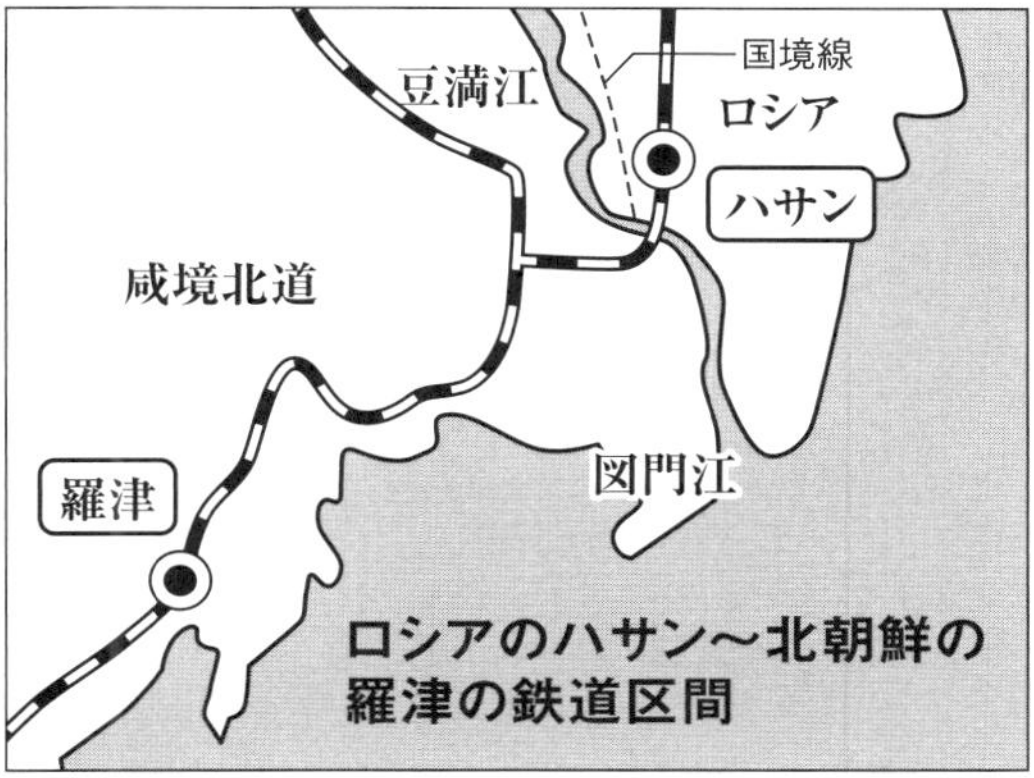

ロシアのハサン～北朝鮮の羅津の鉄道区間

北朝鮮の線路は、ロシアより幅が狭い狭軌道であるため、幅を同じにして一気に列車で移動できるようにしたのです。これにより、羅津港まではロシアの事実上の経済圏となり、現在はロシアと平壌は列車が直通でつながっている状態です（ただし、羅津港からは線路が再び狭軌幅になるため、車輪を乗せ換える作業が必要）。

ちなみに、北朝鮮のナンバー２で中国と太いパイプを築いていた張成沢《チャンソンテク》氏や、その関係者らがまとめて処刑されたのは、このハサン～羅津の路線が開通した２０１３年９月のわずか３か月後です。そして、次のナンバー２の座に就いた崔竜海《チェリョンへ》氏がモスクワに行き、プーチンに金正恩の親書を渡したのが２０１４年11月。当時のロシアの新聞は「事実上の軍事同盟を結んだ」と報じています。ロシア紙がそう報じたということは、すなわちそれがプーチンの意思であるということです。

つまり、このころから既に、金正恩は中国寄りの幹部たちを次々と粛清し、新体制のもとで軸足を中国からロシアへ大きくシフトしていたということになるのです。

ロシアへの出稼ぎで北朝鮮が稼ぐ外貨は30億円

北朝鮮からロシアへの出稼ぎ労働者にも注目が集まっています。ロシアは北朝鮮の労働者をノービザで積極的に受け入れており、現在は3万〜5万人ほどの北朝鮮の人民がロシアへ出稼ぎに入っているといわれています。

ウラジオストクには北朝鮮人専用の宿舎があり、ここに一部屋あたり5〜10人が詰め込まれる形で泊まります。80人〜100人くらいの単位で一つの組織がつくられ、それを統率する人は「百人隊長」と呼ばれます。具体的には、隊長の下に「部隊長」が4〜5人おり、それぞれの部隊長に20人くらいがぶら下がる形で従っています。

ロシア企業からは月当たり1人9万円〜11万円くらいの賃金が支払われますが、労働者に直接払われるわけではなく、北朝鮮側の企業へいったん振り込まれ、ここからピンハネされたわずかな額が労働者にわたります。

その額は日当にして200〜300円と言われており、残りはすべて北朝鮮の外貨収入となります。これだけで月に30億円を超える計算です。

2017年5月からは、ロシアのウラジオストクと北朝鮮北東部の羅先特別市との間で、国連

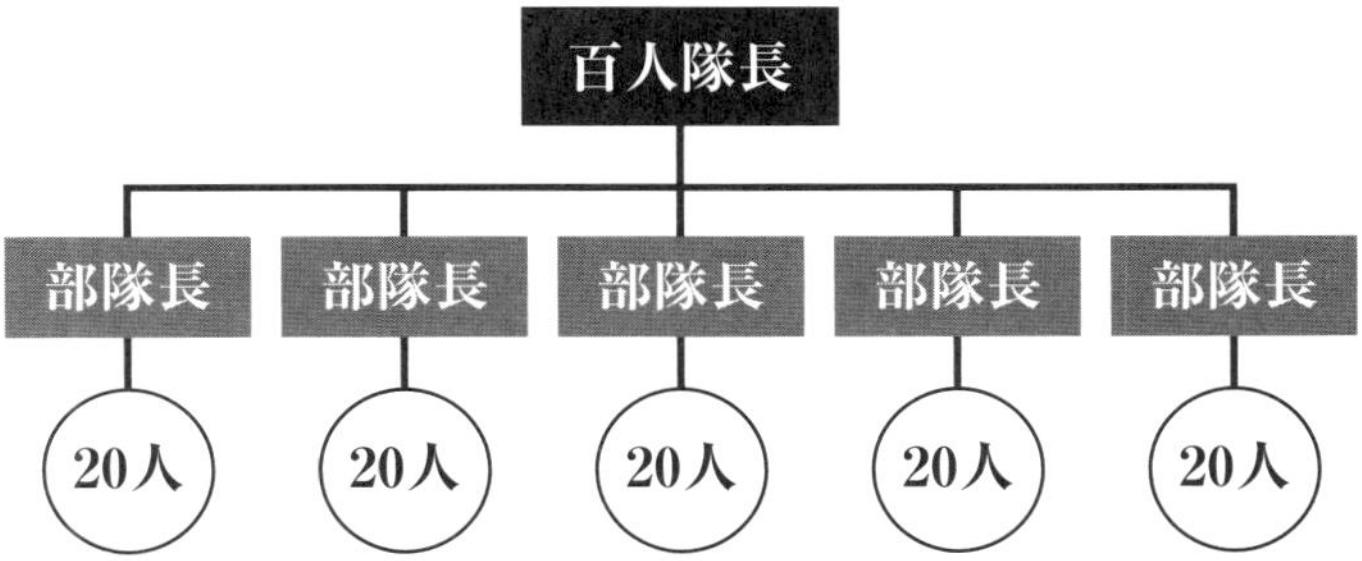

北朝鮮出稼ぎ労働者の部隊編成

安保理の制裁対象となっている万景峰《マンギョンボン》号の定期便が開始されました。

運航にあたるのはロシアの運輸企業、インベスト・ストロイ・トレスト社。羅津港とウラジオストクを週一便のペースで往復するとしています。

早い話、国連が全会一致で決めた方針を、ロシアが完全に無視したかっこうです。

表向きは、前述した出稼ぎ労働者の運搬や、観光ビジネスを目的としていますが、出港の時間帯がなぜかすべて夜なのです。観光目的であれば、船旅で景色を楽しめる日中の航行でなければなりませんが、夜では何も見えませんから、その時点で観光という理由はありえません。

ちなみに、ウラジオストクから羅津港までは列車で25分程ですが、船では約8時間。したがって、出稼ぎ労働者や一般のロシア人が、交通手段としてわざわざこの船に乗る理由も考えられません。つまり、実際には列車で表立って運びにくい物を、夜に乗じて船でこっそり運ぶということになるわけです。

具体的には、麻薬やミサイル関係の部品、その他兵器、拳銃などの武器類、化学物質などが考えられます。あるいはプルトニウムそのものを運ぶ可能性もあるでしょう。

米国のインテリジェンスが接触を試みる北朝鮮出稼ぎ労働者

出稼ぎ労働者が莫大な外貨を北朝鮮にもたらし、制裁措置の抜け道になっている実態についてはすでに述べましたが、実はそれが、同時に北朝鮮の現体制にとって、非常に深刻なリスクにもなっています。

国境を頻繁に出入りしている労働者たちを、米国のインテリジェンス機関が、金正恩暗殺計画の刺客として目を付け、実際に一部で接触が繰り返されていると言われているのです。

ＣＩＡの工作員などから買収された労働者が北朝鮮へ帰り、時間をかけて金正恩体制の最底辺から幹部まで徐々に賄賂を渡すなどしていき、最後に金正恩にまでたどり着き、暗殺を決行するというやり方です。金正恩もこのことを非常に恐れており、怪しいと目した労働者たちを、証拠もないままに処刑しているといわれています。事実、北朝鮮の労働者が、不定期に１００人単位で行方不明になっています。

一労働者から朝鮮労働党の幹部にまでたどり着くのに、はたしてどれくらい時間がかかるのか、あるいはたどり着くことが可能なのか、まったく読むことはできません。なかなか気の長いミッションではあるのですが、一方で日本海に米軍の艦船を配置したりするほうがリスクは高いとトランプ政権は見ているようです。であるならば、大量の労働者が出入国を繰り返しているせっかくのこの状況を利用し、ロシアに配置した米国側のエージェントなどを接触させ、ダメもとで暗殺を試みようという作戦なのでしょう。

さらに、これを恐れているのは金正恩だけでなく、プーチンも非常に警戒心を強めていると言われています。

プーチンにとって北朝鮮は外交カードとして手放せない存在ですから、金正恩に死なれて国が消滅されては絶対に困ります。

そのために、これまで莫大な額と時間を費やし、北朝鮮を傀儡政権として子飼いにしてきたのです。北朝鮮の羅先経済特区の開発プロジェクトには、前述したハサンから羅津港をつなぐ鉄道線などを含めて、日本円で２００数十億円の総工費がかかっていますが、ロシアはこのうち１５０億円近くを投入しています。

金正恩が死んでしまえば、これまで積み上げてきた国家としての戦略がすべて台無しになってしまいます。事実、金正恩の身辺警護にはロシアから派遣されたＳＰも配置しています。プーチンにとっては、もはや北朝鮮だけの金正恩ではないのです。

米国のＣＩＡとロシアのＦＳＢ（ロシア連邦保安庁）という、２つの大国のインテリジェンス機関が、北朝鮮をめぐって代理戦争をしているという構図も見えてくるわけです。

加速するロシアと北朝鮮の事実上の軍事同盟関係

ロシアと北朝鮮が、事実上の軍事同盟を結んだとロシア紙が報じたのが、前述したように2014年。近年その動きは加速しつつあるようです。

ロシアは2017年4月に、北朝鮮との国境のハサンに、2万6000人の兵士を集結させました。人口600人くらいの小さな村であるハサンに、これだけの大規模な軍隊を滞在させるキャパはありません。

ということは、ロシア兵はここを通過し、北朝鮮へ既に入っていると考えるのが自然です。

事実、この集結の様子は動画サイトにアップされ、ロシアの戦車や武器、兵士を積み込んだ30両編成の貨物列車が、北朝鮮に向けて移動している映像が紹介されています。ロシアと北朝鮮が軍事的な同盟関係にあり、すでにロシア軍が北朝鮮国内に常駐しているであろうことを、意図的に世界へ発信したということなのでしょう。

一方で中国は最近、北朝鮮との国境に人民解放軍を20万人規模で配置し、「北朝鮮からの難民の流入を防ぐため」と表向きの理由を説明しています。難民が発生するということは、「金正恩体制がそろそろ崩壊しそうだ」と中国側が考えているという意味になりますから、これは金正恩にとっては大変な侮辱であり、挑発的な意思表示であるといえます。

そういう声明をわざと出しあうほどに、今や北朝鮮と中国の関係は冷え切っています。

なにより、北朝鮮と中国が国境沿いで小競り合いを起こし、これが局地戦となって拡大すれば、事実上の軍事同盟国であるロシアが、北朝鮮に滞在させている軍を発動するシナリオも考えられます。

もちろん、直接的な武力衝突はロシアとしても望むところではありませんが、北朝鮮と中国、ロシア、そして日本と米国、韓国の緊張は、かつてないほどに高まっていると言えるでしょう。

中村逸郎（なかむら・いつろう）
1956年生まれ。学習院大学大学院政治学研究科博士課程単位取得退学。1983年から85年にかけてモスクワ大学に留学。88年から90年にはソ連科学アカデミーに留学。島根県立大学助教授を経て、筑波大学人文社会系教授。テレビなどでも活躍中。最新著作は『シベリア最深紀行－知られざる大地への七つの旅』（岩波書店）。

強国として栄えた記憶を持たない朝鮮半島

地政学が明らかにする朝鮮半島が不幸な理由

――中国、ロシア、日本やアメリカ――大国に囲まれ翻弄された歴史と不安定な未来

拓殖大学海外事情研究所教授
荒木和博

朝鮮半島を考える時、その地政学的な意味、朝鮮半島の立地とその周辺国という関係性を見ることが必要です。

大ざっぱな言い方をしてしまえば、朝鮮半島は周辺を大国に囲まれていて、それら大国が、常に朝鮮半島に影響力を及ぼしている。それが朝鮮半島の宿命であると言えるでしょう。

これは、いつの時代であっても言えることです。現代であれば、ロシア、日本、中国、さらに韓国には米軍が駐留していますから四大国に取り囲まれているとも言えるのです。

近代以降、李氏朝鮮は激動の時代へと突入するのですが、朝鮮半島を取り巻く環境は、一段と厳しいものとなっていました。朝鮮の宗主国である清国は、欧米列強から圧力をかけられて国土

が蚕食されていました。一方東の日本は明治維新を成し遂げて、アジアでいち早く工業化に取り組み、刻一刻と国力を増大させていました。そして、北方にはヨーロッパの大国、ロシアがシベリアを飲み込み、いよいよアジアへと勢力を拡張していました。

朝鮮半島の覇権をめぐる争い

日本が明治時代に戦った二つの大きな戦争、日清戦争と日露戦争も、この朝鮮の立地、地政学的条件がその原因だったと言えるでしょう。

日本が清国と戦った日清戦争では、日本の立場、戦争目的は、朝鮮が独立国であることを清国に認めさせるためというものでした。

当時の朝鮮は、清国を宗主国とする清国の従属国でした。朝鮮では、李王朝が500年もの長期にわたって君臨しましたが、最後まで独自の発展には至りませんでした。

外交面では、朝鮮は徳川幕府以上に厳格な鎖国政策をとり、宗主国の清国と、江戸時代を通じてやり取りを続けていた日本とのみ交流していました。

明治維新により近代国家へと生まれ変わった日本は、早くから李朝に開国を申し入れていました。そして、ようやく1876年に日朝修好条規（江華条約）の締結にこぎつけました。日本は、その条文の中に、朝鮮は「自主の邦《くに》」であるという文言を入れ、朝鮮が清国の従属国ではないことを明確にしました。

朝鮮はその後、1882年にはアメリカと、翌年にはイギリス・ドイツと同様の条約を調印しています。この調印の場には、清国の有力な政治家・李鴻章《りこうしょう》が部下を立ち会わせ、朝鮮が清国に従属する国であることを、確認させていました。

1894年に朝鮮で発生した農民反乱、いわゆる東学党の乱に対し、日清両国は鎮圧のための兵を派遣しました。そして反乱が終息した後も両国が兵を撤退させなかったことが発端となって日清戦争は始まっています。

日本としては、朝鮮が清国に従属していたままでは日本の国防上の脅威となります。また、欧米列強にいいようにされている清国が、朝鮮半島の一部をどこかの国に割譲したり租借することを許せば、それも日本の安全保障にとっては見過ごせない脅威となります。だから日本としては、あくまでも朝鮮は独立した国家であってほしかったのです。

こうして日清戦争が勃発するのですが、日本は、西欧列強に蚕食されながら、「眠れる獅子」とも言われていた大国清国に勝利します。

1895年4月17日、下関で講和条約が締結されました。条約内容は、朝鮮の独立を清国が認めること、遼東半島、台湾、澎湖諸島を日本に割譲すること、賠償金として、当時の日本円で約3億6千万円（この時代の日本の国家予算は約8千万円）の支払いをすること。以上三点が主たる内容で、これは日本に大変有利なものでした。

ですが、これに対しドイツ、フランス、ロシアは、遼東半島を清国に返還せよと、三か国連名で日本に圧力をかけてきました。大国による圧力に、日本は抗することができず、遼東半島を清国に返還しています。世に言う三国干渉です。

朝鮮の朝廷の一部は、この日本の弱腰とロシアの強さを見て、日本よりもロシアを頼ったほうがいいのではないかと考えるようになりました。日本としては、朝鮮がロシアの支配下に置かれた場合は、次は自分たちがやられると考え、「臥薪嘗胆《がしんしょうたん》」のスローガンのもと国力を高め、1904年の日露戦争で辛くも勝利を得ることができました。

1950年代の朝鮮戦争の場合は、もともとは北朝鮮が南へ攻めてきて、韓国がこれを受けるという形の内戦でしたが、韓国側にアメリカを中心とした国連軍が参戦し、北朝鮮には中国が参戦し、さらにソ連が北朝鮮の軍事指導や武器援助などで協力することで、米中の代理戦争のような形となりました。

中国が参戦した理由は、もし北朝鮮という緩衝地帯がなくなってしまったら、韓国という、アメリカ側の国が自国と国境を接することになり、安全保障上大きなリスクとなるからです。これは日本が日清、日露の戦いを行ったのと基本的には同じ理由です。どちらも相手は大国であり、決して明確な勝算があったわけではありません。しかし「戦わなければ亡国」と認識したということです。同様のことを朝鮮戦争当時は毛沢東が考え、共産党幹部の反対を押し切って参戦したのです。

北朝鮮と中国の微妙な距離感

現在の北朝鮮に一番大きな影響力を持っているのは中国ですが、その中国指導部は金正恩《キムジョンウン》に対して強い不快感を持っています。しかし中国は金正恩を切ることはできません。

中国が北朝鮮を完全に見放して朝鮮半島が韓国主導で統一されたとします。そうなれば鴨緑江の先がアメリカの同盟国になります。

常識的に考えて、それでアメリカが攻めてくるとは中国も考えてはいないでしょう。ですが、それは内政の問題になるのです。

中国の国内において、北朝鮮が消滅した場合は、反習近平勢力からすれば「習近平が同盟国を捨ててわが国の危機を招来した」という攻撃材料になります。中国共産党は巨大な自転車操業であり、走り続けなければ矛盾が噴出します。習近平政権はそれほど盤石ではありません。実際、北朝鮮が緩衝地帯となっていることの意味は歴史的にも証明されてきているわけで、その主張は十分な説得力を持っています。

つまり、権力闘争に利用されることを防ぐために、習近平政権は北朝鮮を見捨てることができないのです。

また、北朝鮮は中国にとってマイナス面だけでなく、外交上のカードとして使えるというメリットがあります。最も関係の深いのが中国なのだから、日米も北朝鮮問題では中国の関与を求めざるをえない。その意味でも中国は北朝鮮を手放しにくいでしょう。

トランプ政権になって以降、アメリカは北朝鮮問題ではかなり中国を頼っている印象ですし、アメリカ人青年オットー・ワームビア氏が北朝鮮で拘束され、その後意識不明となって解放されて亡くなった事件でも、アメリカは中国に協力を求めていたようです。

中国にとって、北朝鮮をいつ切ってもおかしくない状況ではあるのですが、しかしなかなか切れない、微妙な関係だと言えます。

これは全く証拠がないので私の妄想ですが、日韓併合の時、中国の中で「ああ、やっとあの面倒な連中を引き取るやつが出てくれた」と思った人間もいたのではないでしょうか。歴史的にも中国は朝鮮半島に深く介入するほどに王朝が傾きます。共産党王朝ももし、北朝鮮に人民解放軍を送るなど本格的な介入をすれば衰亡の道を辿らないとも言い切れません。

アメリカは朝鮮半島を重視していない

一方、アメリカにとってはどうかというと、朝鮮半島は本土からは遠く、韓国という足がかりを失ったとしても日本という有力な同盟国が防波堤のように存在しているので、実は朝鮮半島の価値は、それほど大きなものとは認識していません。

これは現代の話ではありませんが、日露戦争の勝敗がほぼ決していた1905年7月29日、日本の内閣総理大臣兼臨時外務大臣の桂太郎と、アメリカ合衆国特使であったウィリアム・タフト陸軍長官（後の27代大統領）が日本で「桂・タフト協定」を交わしています。

その内容は、朝鮮における日本の支配権を確認し、日本は米国のフィリピンの支配権を確認するというものでした。「桂・タフト協定」は日本では歴史の授業で出てくるくらいですが、韓国では自分たちをアメリカが見捨てたということで重みをもって受け止められています。

朝鮮戦争開戦の前年、１９４９年６月には、米軍は軍事顧問団のみを残して韓国から撤退し、１９５０年１月12日には、ディーン・アチソン米国務長官が演説の中で「米国が責任を持つ防衛ラインは、フィリピン－沖縄－日本－アリューシャン列島までである」と語ります。いわゆる「アチソン・ライン」です。

本来その外の地域は国連の責任で守るということだったようですが、この発言が「アメリカは北朝鮮が南侵しても参戦しない」というメッセージとして認識されました。南侵自体はその前に決まっていたことですが、金日成の背中を押したことは間違いありません。

ジミー・カーター元大統領は１９７６年の大統領選出馬にあたって、在韓米軍の撤退を公約していました。アメリカにとって朝鮮半島は、基本的にそれほど重視されている地域ではなく、むしろ、機を見て手を引きたい地域であると感じられます。

これは他の周辺国にとっても同様で朝鮮半島は面倒くさく、関わってもあまり益のない地域と、それぞれが思っているのではないでしょうか。最近、ロシアが北朝鮮に接近しているという観測もありますが、それほど積極的な動きというわけでもありません。介入する時はメリットを求めてというより、自国にとってのデメリットをなくすために介入せざるをえなくなるということだと思います。

朝鮮半島統一のシナリオは限られている

「朝鮮半島の統一」は昔から議論が続いていましたが、考えられるシナリオは、多くはありません。

話し合いでの統一は、それができるようならすでに統一しているでしょう。

平和統一ができなければ武力統一、すなわち戦争による統一ということになりますが、韓国が北朝鮮に攻撃を仕掛ける可能性は全くありえませんし、仮にやろうとしても韓国軍に北朝鮮全土を武力で占領する能力はありません。もちろんアメリカが納得するはずもありません。

北朝鮮も、偉そうなことを言っていますが現実には韓国を制圧するだけの軍事力はもっていません。もちろん中国も許さないでしょう。また、攻め込んだら最後、アメリカが介入して金正恩体制が完全に崩壊することになる。小規模な武力衝突の可能性は常に存在しますが、全面戦争の可能性はほとんどありません。

南北統一があるとすれば、戦争でということでも、話し合いということでもなく、北朝鮮の体制が偶発的な何かにより崩壊した結果と考えられます。金正恩の急死などでの混乱で休戦ラインの警備ができなくなり、ベルリンの壁の崩壊のようになし崩し的に人の交流・行き来がはじまって統一へとつながるのではないでしょうか。

ただし、現在の韓国は経済的にも余力がなく、国内政治も不安定で、統一などはほとんどの韓国人が、本気では求めていません。朝鮮半島の統一は、日米中露という周辺諸国のすべてが、少なくとも積極的には望んでいないうえに、韓国の国民までもが後ろ向きなのです。

よく例え話で使うのですが、北朝鮮は神輿《みこし》のようなもので、祀られている神様は疫病神。そしてその神輿の担ぎ手は日米中露です。御利益どころか災厄ばかりの神様なので、担ぎ手は皆御神輿を降ろしたい。しかし、担ぎ手の仲が悪くてうまく相談して神輿を降ろすことができない。自分が手を離すと自分の方に倒れてきそうで手を離せない、という感じではないかと思います。

この御神輿を降ろすときはどういうときでしょう。

神輿に火が付いて燃え始めたら、神輿を降ろすなり消火するなりしなくてはならない。あるいは御輿の通っている最中に地震が起きるとかトラックが突っ込んでくるとか、大事件が起きれば皆御神輿を降ろさざるをえなくなる。北朝鮮の崩壊はそういったケースのひとつになるのでしょう。

そうなった場合、神輿を担いでいる日米中露は、いやも応もなく対応することになります。そして周辺大国が動き始めると当事者であるはずの朝鮮半島の人々は傍観者、せいぜい脇役に過ぎなくなってしまいます。

大国の思惑と行動に振り回される不幸

繰り返しになってしまいますが、朝鮮半島は、地政学的に大国に囲まれた特殊な地域で、微妙なバランスの上で、周辺諸国との関係性を保っています。近代以前であれば、朝鮮半島に成立した国は、アジア最大の勢力である中国を頼る、または中国大陸の覇者に属することで安全を担保していました。

逆に言えば中国大陸の国家と戦っても勝てるはずがなかったのです。だからそれはやむをえない選択だったと言えるかもしれません。しかも朝鮮半島にとって不幸だったのは海に向かって出ていくこともできなかったことでした。高麗が元《げん》とともに日本に来襲した元寇も結果的には失敗に終わってしまいます。

中国の縁辺にある小国家は、多かれ少なかれ、中国の影響を受けることになりますが、ベトナムなどは、周辺に、より小国であるラオスとカンボジアがあり、精神的な平衡（?）を保つことができます。その延長線上と言うべきかわかりませんが、中越紛争などにおいても中国に負けていません。

一方、近代になると、朝鮮半島の周辺には中国だけでなく、日本、ロシアという新しい大国がその周囲を取り囲み、さらには太平洋越しに、アメリカまで影響を与える状況が発生しました。

このような歴史の中で朝鮮半島では胸を張って「この時代の朝鮮は素晴らしかった、強国だった」と誇れない。したがって統一をするといっても具体的なイメージが湧かないのです。この点はもともと大国であって戦後分割されたドイツとは全く異なり、実は経済面など物質的な問題より大きな統一への障害だと思います。

韓国の人は普段は非常に強硬な発言をしますが、いざという時には、「結局大国が運命を決めてしまう」というような、投げやりな思考をしがちです。これも半島を取り巻く地政学的な環境の影響かもしれません。韓国には「クジラの喧嘩でエビの背が折れる」という諺《ことわざ》があります。朝鮮半島はクジラの隣にいるエビで、その運命は大国の思惑、行動によって大きく左右されてしまうということです。

北朝鮮が核・ミサイル開発を止めないのはこの裏返しとも言えます。「核とミサイルさえあればこれまでの弱者としての地位を一発逆転できる」ということでしょう。実は韓国にも「核さえ持てば」という「核主権論」は結構根強くあり、中には「統一すれば北朝鮮の核が手に入る」という荒唐無稽ともいえる発想をする人もいます。日本人なら核武装に賛成であれ反対であれ意識せざるをえない核兵器による惨害を考慮する人はほとんどいません。火遊びは結果的に周りの国から水をかけられておしまいになると思うのですが。

地政学的な条件、地理的な特性は今後も変わることのない宿命とも言うべきものです。日本列島をハワイの隣に持っていくこともできないし、朝鮮半島に地中海へ引っ越してもらうこともできません。だから好むと好まざるとにかかわらず、日本はこの不安定な地域と、永遠につきあっていかなければならないのです。これは、韓国と北朝鮮がどのような政体になったとしても、あるいは統一したとしても変わることのない現実です。

荒木和博（あらき・かずひろ）
1956年東京生まれ。慶應義塾大学法学部政治学科卒。民社党本部で青年運動、教育広報などを担当。民社党解党後、現代コリア研究所研究部長等を経て、現在拓殖大学海外事情研究所教授。特定失踪者問題調査会代表、予備役ブルーリボンの会代表。予備自衛官（予備陸曹長・朝鮮語技能）。国家基本問題研究所副評議員長。著書『靖国の宴』（高木書房）、『日本が拉致問題を解決できない本当の理由』（草思社）他。

日本の官邸は北朝鮮をどう分析しているのか

危機管理専門家が描いた驚愕の朝鮮動乱勃発のシナリオ

ジャーナリスト 時任兼作

安倍首相の思惑にゆれる北朝鮮分析とその裏の真実

「北朝鮮の本音が露見したのは、今年4月、米軍がシリア攻撃に出た時のことです」

警察の外事筋は、そんな分析を明かした。北朝鮮がミサイル発射を繰り返していた最中の同月、トランプ米大統領が「(シリアに対して)何かしなければいけない」と発言したその数時間後、米軍は電光石火、地中海東部に配備した駆逐艦2隻から巡航ミサイル「トマホーク」59発を発射し、シリアに大打撃を与えたのである。

「これを見た北朝鮮は、米国は即時、本格的な軍事行動に出かねないと見て、慎重さを増しました。表面上は『やるならやれ』とばかりに、『先制攻撃しようとするささいな動きでも見せれば、われわれの核攻撃は侵略と挑発の本拠地を焦土化する』などと米国に喧嘩を売るような発言をし、ミサイル発射も続けたものの、米国が最も懸念する核実験は封印したのです。米軍が先制攻撃をにおわせ、北朝鮮がそれを買って出たかのようなチキンレース的緊張は、実はこの時点でおさまりつつあったのです」

背景にある意外に充実した情報収集力と分析力

〝危ない狂犬〟のように言われる金正恩委員長だが、その行動は実は冷静さとしたたかな計算に基づいたものだと、外事筋は指摘し、さらにこう続けた。

「トランプ米大統領がシリアに対し、ミサイル攻撃を行い、北朝鮮攻撃も辞さないという姿勢を鮮明にすると、その後、発言内容や実際の計画内容の把握と分析を正確に行い、『北朝鮮が核実験やICBMの発射を行えば——すなわち米国を脅威にさらしたという口実ができれば、韓国の新大統領が決まるまでにやる』というのが本音だと知ると、核実験どころかICBM発射まで断じて避けたのです」

北朝鮮がつかんだ作戦概要は、以下のようなものであった。

・北朝鮮に対し、最低でも40か所、最大200か所の空爆を行う
・その主なターゲットは、北朝鮮のミサイル発射基地をはじめとした軍事施設
・戦闘機や空母だけでなく、無人機なども投入して瞬時に徹底的にたたく
①ステルス機による司令部および中枢施設を爆撃

②その間、無人偵察機が地上の動きをウオッチし、移動ミサイルなども把握する一方、空母からは北朝鮮のレーダー網を無効にするジャミングを実施

③②を受けて、駆逐艦、巡洋艦、潜水艦から1000発を超えるミサイルを発射

④攻撃ヘリで地上を掃射

・北朝鮮はいま、青瓦台（韓国大統領官邸）へのミサイル攻撃を具体化させているが、それだけでなく、日本へのミサイル攻撃なども不可能にするべく徹底的に攻撃する

・韓国の大統領選が行われる5月9日前には実行に移す

この作戦概要を把握した北朝鮮は、米軍が作戦の実行期限として韓国の大統領選を挙げた理由についても詳しく追及し、米国が次期韓国大統領と目される文在寅《ムンジェイン》氏を北朝鮮のスパイと見ていることが最大の要因であることもつかんだ。

米政府関係者の赤裸々な証言も得ていた。こんな内容のものである。

「『北韓（北朝鮮）へまず行く』『経済統一から南北統一』と宣言する文氏は油断がならない。経済統一を名目に資金注入。北朝鮮の生活水準を上げたうえで、金王朝の象徴化——日本における天皇の人間宣言のような形でのファミリーの生命・財産補償すら構想している。が、北朝鮮は、いいとこ取りだけしかねず、注入資金を核開発にあてる可能性がある。かつての太陽政策の二の舞になりかねない」

さらに、北朝鮮は別の米国の動きも察知したという。

韓国の動向を懸念した米国がその動きを入念に探り、場合によっては介入すべく情報工作の精鋭部隊を、先手を打って投入しているとの情報に端を発したものである。

北朝鮮が精査したところ、それが、在韓米軍内に設けられたヒューミント専門部隊であることが判明した。電子情報ではない人的情報、すなわち対人スパイ工作によって情報を収集する部隊のことだ。より詳しく言えば、部隊は在韓米軍第8軍の第501情報旅団所属の「524情報大隊」だ。これまでも「第532情報大隊」が人的情報活動を行ってきてはいたものの、情報収集よりもその分析に比重を置いていたため、さらに積極的な動きに出た形である。

外事筋が語る。

「部隊設置の名目は核開発を中心とした北朝鮮の動きに対する情報収集や金正恩の動静確認などにあるとしているが、実際には韓国政府内にもその工作は向けられている。しかも、得られた情報の中身によっては、情報操作や破壊工作といった実力行使を伴う工作活動も許容しています。そういった目的を果たすため、部隊要員は情報活動の訓練を受けた軍人だけでなく、準軍事行動も取るCIAなどから新たに徴募し、編成されているのです。同盟国・韓国すら米国は今回、正式にスパイ工作の対象としたということですが、こうした情報は北朝鮮にも届いたようです」

これに関連して、防衛省の情報筋は、こんなことを明かした。

「このヒューミント部隊の最大の狙いは、金正恩の生体情報入手にあるようです。北朝鮮問題を解決する手段としてもっともシンプルなのは、金正恩斬首作戦であり、それだけに、これまでも何度も実行説が語られてきたのですが、実は現段階では、これはできない、不可能な作戦なのです。というのも、米国は金当人の本人確認情報を有していないからなのです。具体的に言えば、DNAや指紋といった生体情報を一切、つかんでいない。したがって、仮に金と見られる人物をとらえ、殺害したとしても、果たして本当に本人なのか判別がつかないという状況にあるのです」

巷で言われているように影武者がいるとするならば、作戦が成功したといった矢先に当人が現れ、健在であることをアピールするような事態さえ起こりかねないと言うのである。

「イラクのフセイン大統領のケースとは違うのです。あの場合は、それ以前の段階で大統領が米国と近しい関係にあったため、米国はDNAや生体情報を得ていたのです。それと、地理的な情報の欠如もゆるがせにできない。北朝鮮内には数多くの地下施設があり、どこにいるか特定するのが困難な状況にあるというのが実際のところなのです。こうした情報の不足を補うべく、精鋭部隊によるヒューミントへと今回、乗り出したわけです」

と、防衛省の情報筋は付言したのだった。

外事筋に、この証言を打ち返すと、それも北朝鮮は把握しているとの答えが返ってきた。

「自分を亡き者にしようという斬首計画について知ると、北朝鮮は影武者説を喧伝すると同時に、指紋やDNAなど生体情報の流出に歯止めをかけた。金委員長はイラクのフセイン大統領殺害の件で学習していたからです。結果、米国は現在もそれらの情報は有しておらず、そのため斬首計画が実施できない状況にあるのです」

金委員長はなかなかの智恵者と言えるのかもしれない。

安倍政権はすべてを黙殺

大多数の印象とは異なり、意外にも情報に精通し、冷静かつしたたかに行動している北朝鮮。それに対して、日本政府はさてどうかというと、危ない、許せない、とヒステリックな反応ばかりが目立つ。まるで情報が不足しているかのようだ。

だが、実はこれまで記してきたような報告は、もちろん政府に届いている。

たとえば、米軍の作戦計画。北朝鮮によるミサイル発射など威嚇行動が続いている最中の4月6日朝、安倍晋三首相は米国のトランプ大統領と約35分間にわたって電話で協議を行ったが、その場で作戦の内容詳細を伝えられていたのである。

公式発表では、両首脳はその前日の5日に北朝鮮が弾道ミサイルを発射したことに対し、「日本の安全保障上、重大な脅威」との認識を示し、またトランプ大統領は「すべての選択肢がテーブルにある」と表明して先制攻撃の可能性も示す一方、その当日から翌7日にかけて行われる中国の習近平国家主席との米中首脳会談において、先制攻撃を回避すべく、北朝鮮問題について中国の積極的な対応を迫ると発言。これらを受け、安倍首相は「米国の姿勢を高く評価する」と見解を述べ、その攻撃姿勢を歓迎しているかのような、手放しの賞賛ぶりを示したとなっているが、これは核心情報をぼやかしたうえでのことだ。

このことに加えて、韓国や在韓米軍の動向について報告されていることも、やはり公にしていないともいう。防衛省の情報筋がこう明かす。

「韓国のメディアが日本だけが騒いでいると書いているとおり、韓国内は至って平静です。危機に敏感な在韓米軍も退避行動など一切、見られません。要するに韓国も米国も北朝鮮がチキンレースを避けたこと、事態が小休止状態にあることがわかっているのです。こうしたことは、官邸にも報告してあります。したがって、実際は、それほど危険であるとは見ていないと思われます」

しかし、安倍政権の対応ぶりからすると、まったくそうには見えない。もちろん、韓国や在韓米軍についてのことは一切、漏らしもしない。黙殺と言える状態だ。

いったい、なぜなのか。不思議でならないが、あちこちにその疑問をぶつけると、こんな答えが返ってきた。まずは、防衛省の情報筋。

「北朝鮮問題は危機を煽ることで何かメリット……があると考えているのではないでしょうか」

非常に言いにくそうな様子であった。が、官邸のおひざ元の内閣情報調査室の関係者からは意外にも忌憚のない回答が寄せられた。いわく――。

「北朝鮮の危険性を煽るのは、第一に内政の問題から目を逸らすのにうってつけ、第二に安全保障法に明記された行動を実施する好機になる、第三に共謀罪審議に有利――などなどの理由があるからでしょう。安倍政権は印象操作ということばをよく国会で使って野党の攻撃を逸《そ》らせていますが、自らは情報操作を積極的に行っているような次第です」

この関係者は、話の延長上、

「米国のトランプ大統領ではありませんが、ニュースを『嘘』『フェイク』と切って捨てるような面がみられるばかりか、首相自身にまつわる数々の疑惑の証拠隠しすらしているようにも見受けられます」

と、言って安倍政権にまつわるいくつかの事例を挙げた。


【森友学園問題】
・「100万円は寄付していない」との弁明
・財務省の回答文書は、夫人付き職員が籠池氏の要請に基づいて財務省に問い合わせた結果でてきたもの、夫人は関与していないとの主張
・国有地売却過程の資料は廃棄

【加計学園問題】
・「行政はゆがめていない」との弁明
・「総理の意向と記された文書」は、文科省の調査で発見できなかったとの答弁（のちに発見）
・「怪文書」との強弁（のちに訂正）

【国連事務総長の談話問題】
・共謀罪法案に関して批判書簡を出した国連特別報告者について、国連事務総長が「国連とは別の個人の資格で活動しており、その主張は必ずしも国連の総意を反映するものではない」と話

したと主張
・しかし、国連側は「独立した専門家で、国連人権理事会に（調査結果などを）直接報告する」と話しただけと首相談話を否定

個々、見ていくと、まさにトランプ大統領といったところだが、どうやらこれが現実のようだ。ところが、非難轟々のトランプ大統領と比べると、安倍首相は順風満帆。対北朝鮮への姿勢も批判どころか、評価が高い。これまた疑問甚だしいが、マスコミからの情報収集も手がける内閣情報調査室の関係者は、こう分析した。

「マスコミも国民感情に合うと思っているのか、北朝鮮は危ない危ないと喧伝しています。たとえ事実と異なっていようとも、政府が容認してくれるから安心というわけで、薄っぺらい安易な記事、ニュースを垂れ流しているわけです。逆にそうでないことを報じれば、政府から政治部を通して圧力がかかる時代ですからね」

北朝鮮の潜在的危険性

こう書いてくると、北朝鮮に危険性はないように見えてしまうかもしれないが、もちろんそうではない。外事筋の分析が至当と見られるので、その内容を簡潔に記しておく。

「現在、北朝鮮はロシアの救いの手で何とか命脈を保てているが、中国がこれ以上、経済制裁を加えれば、行き詰まり、その結果、暴発する——捨て身の自暴自棄の攻撃行動に出かねないと見

られます。そのあたりの事情がよくわかっている親北の文在寅韓国大統領は、ゆるやかな南北統一と金ファミリーの生命保全策を講じつつあるのです」

場合によっては、米国もこれを後ろ押しする向きがないではない、とも言うのだった。ただし、それは、北朝鮮が核を放棄するという制限つきと見られている。

それだけに、この案、うまく行くとは限らない。外事筋は、こう続けた。

「最終的には、暴発の危険性も考えておくべきでしょう。その際、北朝鮮はミサイル攻撃だけでなく、テロ行動にも出るはずです。わが国としては、それに対する備えが必要です」

警察OBの危機管理専門家も、いまの北朝鮮情勢を前に予想される事態をシミュレーションしたシナリオを作成するなかで、テロの危険性を指摘している。

危機管理専門家が作成したのは、「朝鮮動乱勃発のシナリオ」と題するもので、概要は左記の通りだ。

《・○月×日

・早朝、米海兵隊がヘリコプターで急襲、金正恩の地下隠れ家に入る。同時に、山間部の核施設とミサイル基地と通信施設を第七艦隊がトマホーク攻撃、電子攻撃。あわせて、戦略爆撃機B－1とF－35Bステルス戦闘機も投入。

・翌日

・北朝鮮は、38度線沿いの長距離砲でソウルを砲撃。それを受け、米軍は直ちに戦闘機で38度線の北朝鮮部隊を撃破。

・翌月上旬　：在日の北朝鮮工作員（スリーパー）が、日本の国会、変電所、新幹線、通信網、福島原発を攻撃。国会議員を人質に抵抗するような事態もありうる。米軍は北朝鮮の石油パイプラインを爆破し、継戦能力を奪う。同時に北朝鮮の港湾を封鎖。
・翌月中旬　：国会が、テロ等準備罪を可決。あわせて、憲法9条と前文の無効確認の決議を行う。
中国、ロシアが政治介入、休戦協定を提案するも、効果なし。
・翌月下旬　：韓国軍が北上、北朝鮮を軍事支配。
・翌々月上旬　：韓国が北朝鮮を吸収合併。
＊大規模な戦闘は、1か月で収束するが、そのあと北朝鮮残党によるテロ、破壊工作は続く》

「北朝鮮本国から特殊工作員が派遣される可能性も十分にあるため、出入国管理の徹底、偽造パスポートの入念なチェックなども急務です」

と、危機管理専門家は警告するのだった。

テロへの備えの必要性

北朝鮮のスリーパーの危険性については、こんな話もある。さる全国紙記者の証言だ。

金委員長の異母兄・金正男《キムジョンナム》氏が暗殺された2月13日の直後、北海道で開催された冬季五輪の競技会場で目にしたことをこう振り返る。

「北朝鮮選手団の周辺は異様な緊張感が漂ってました。押しかけた報道陣の取材のほとんどを拒否。応じたのは、フィギュアスケートくらいのものでした。また、取材に対応したフィギュアの場合も、『競技のこと以外、質問しないように』と監督が宣言する始末。しかも、その脇には五輪会場にはふさわしくない暗色のスーツに身を包んだ屈強な男たちが、眼光鋭く控えていました」

その面々は、日本をはじめ外国の記者たちには無言を貫いたが、北朝鮮の記者たちとは朝鮮語で和気あいあいと雑談にも応じていたという。

それを見た記者は、国を挙げての宣伝の場に関係者が大挙して押しかけたのかと思いかけたというのだが……。

「選手や監督、記者たちと離れると、『いやあ、寒いなあ』『参っちゃいますね』などと日本語でごく普通に話し始めるので、びっくりしました。思わず顔を見てしまいましたが、日本語でしゃべっているのを見ると、違和感がない。まるで日本人のようで、そう思った瞬間、背筋が寒くなりました。このひとたちは、いったい何者なのかと」

記者はそう言って、さらに続けた。

「まったく違和感のない日本語といい、服装のセンスといい、長く日本にいるのは明らかで、ひょっとすると在日なのかもしれませんが、いずれにしても北朝鮮の監督や記者たちとはなじみがあるわけで何らかの政府関係者とみられます。では、何者なのか。とても外務省とかの職員には見えませんでした。耳には無線のコードをぶら下げ、時折、小声でやり取りをしていましたし」

競技会場を後にする時、この記者は正体が謎の面々の無線の相手と目的に気づいたという。

「耳から無線コードをたらし、やはりスーツで身を固めた同じような男が会場の出入り口にいて、周囲に警戒の目を配っていたのです。そう、おそらく彼らは選手の逃亡を防ぐために北朝鮮から指令を受けた警備要員だったのでしょう。思い出してみると、競技会場内にもあちこちに散らばり、無線で連絡を取り合っていました。7〜8人はいたと思われます」

SPもどきの警備要員――。

すなわち北朝鮮本国から派遣された秘密警察、あるいは離反阻止に当たる日本在住の工作員ではないか。日本語が堪能で、日本社会になじんでいるところをみると、後者である可能性が高い。

「背筋が寒くなったのは正しい反応だったように思われます。彼らが今後も工作員として国内に身を潜め、あちこちで活動するのかと思うと、なおのことですが……」

記者は生々しい現場体験をしたことをいまなお記憶深くにとどめているという。

このエピソードが意味しているのは、日本社会にごく自然に浸透している多数のスリーパーの存在だ。そこから派生するのは、要人テロや無差別テロにしろ、要衝へのミサイル攻撃やそのための陽動にしろ、やろうと思えばたやすくできてしまう危険性である。

外事筋はこんな懸念を示した。

「北朝鮮が暴発し、テロや破壊工作などを実施する時にまず必要になるのが、日本の国内情報。要人の動向や居住地、また要衝の警備上の不備や狙い目などだが、日本社会にすっかり浸透し、周囲から疑いの目を向けられることの少ないスリーパーこそが、そういった機微な情報が入手できるわけで、暴発の先導役となる。こうした意味で潜在的にきわめて危険なスリーパーについては、主要なメンバーであればわれわれも押さえてはいるものの、在日の三世世代となると新顔が多く、しかもその数が少なくない。カバーしきれていないというのが、実際のところなんです」

また、最近、北朝鮮がラジオによる暗号指令放送を再開した点や最先端のネット技術を用いた通信を行っている点も注視していると言うのだった。

東アジアの電波傍受において主要な役割を担っている防衛省の情報筋も、こう明かす。

「北朝鮮はいま微妙な状態にある。だから、スーダンのＰＫＯ部隊撤退はありがたい。政治的な理由はさておき、この事態に対応するためには、ひとりでも多い方がいい。限られた人員を向けるべきは国防であり、いまはまさに対北朝鮮なのです」

つまり、潜在的危険性を織り込み、すでに動きつつあるということだ。

だが、肝心の政権の目は、そこに向いていないようだ。情報操作や黙殺状態についてはすでに記したが、内閣情報調査室の関係者は、警察ＯＢの危機管理専門家のシナリオの一点に着目した。国会の動きに関する記述部分だ。危機管理専門家は、非常事態宣言のような状態とそれを前提とした憲法改正を予測していたのだが……。

「安倍首相が手放しでトランプ大統領を賞賛する本当の理由は、これではないかと思ってしまいます。これこそが彼の宿願ですから」

そう語って、さらに続けた。

「テロ対策など国民の安全をまず優先するべきだが、その議論が欠如していることが懸念されます」

いま日本に求められているのは、アジアの平和をリードすべくそれこそ韓国式の外交をより巧みに展開し、北朝鮮の危険性全般を排除することであろう。情報は操作するものではなく、駆使するものである。それが、国民の安全を確保することはもとより、この国の未来を開くことにもなるはずだ。真摯に問題に向き合ってほしいものである。

時任兼作（ときとう・けんさく）

慶應義塾大学経済学部卒。出版社勤務を経て取材記者となり、カルトや暴力団、警察の裏金や不祥事の内幕、情報機関の実像、中国・北朝鮮問題、政界の醜聞、税のムダ遣いや天下り問題、少年事件などをレポート。著作に『「対日工作」の内幕 情報担当官たちの告白』（宝島社）がある。

第3章

北朝鮮という災厄

interview

整然とした平壌の街並み、清潔なトイレ、普及するスマホ…

北朝鮮取材の裏側に迫る！金正恩の妹の意外な素顔

当局の監視員が常に随行する中で、日本人記者が垣間見た〝リアル〟とは

岡京太郎（仮名）

拉致問題に核実験、ミサイル発射。新聞やテレビのニュースで、毎日のように日本中を騒がせているけれど、実態がつかめない北朝鮮。編集部は、今年4月15日の故金日成《キムイルソン》主席の誕生日に行われた軍事パレードを取材するために北朝鮮を訪れた日本人ジャーナリスト・岡京太郎氏（仮名）に接触し、生で見た金正恩《キムジョンウン》・朝鮮労働党委員長の印象や現地の様子を聞いた。岡氏は、在京メディアに所属する記者だが、匿名を条件に取材に応じた。

編集部　はじめまして。岡さんは4月に北朝鮮を取材したそうですね。期間や取材目的について教えてください。

岡　4月11日から22日まで現地にいました。15日の金日成主席の生誕記念行事を取材するため、日本メディアだけでなく、世界中の報道機関が招待されました。

編集部　当時は、米国のトランプ政権が朝鮮半島周辺に空母の派遣を決めたりして、今にも戦争が始まりそうでしたが、恐くなかったですか？

岡　「戦争が始まる」と感じたことは全くありませんでした。外国メディアの記者をたくさん呼んでおいて手荒なことをすることはないだろうと思っていました。生誕記念のお祝いで平壌《ピョンヤン》はお祭りムードでしたしね。金日成広場で行われた軍事パレードの印象が強いと思いますが、夜になると同じ場所で男女の学生が楽しそうにダンスパーティーをしていました。本社と電話でやり取りをしていると、「お前、大丈夫か。人質にならないことを祈っている」みたいなことを言う人がいましたが、ピンときませんでしたね。

編集部　平壌はどんなところですか？

岡　平壌はかなり清潔です。あれだけ整然としている都会は世界でも少ないでしょう。まだ少し肌寒い時期でしたが、街路樹の杏《あんず》の花が咲いていて、きれいでしたね。高層ビルが増えてきて、豊かになっているように思います。

編集部　「豊か」ですか？

岡　もちろん日本と比べれば、北朝鮮は貧しいです。韓国にだってはるかに及びません。しかし、日本では1990年代のイメージが強すぎますよね。今の北朝鮮は、金正日《キムジョンイル》体制の時のように多数の餓死者が出るような状況ではないし、中国から大量の商品が流入しています。電動自転車も多く走っていました。

編集部　自転車にモーターが付いているやつですか？

岡　ええ。ただ、日本の電動アシスト自転車と違うのは、ペダルをこがなくてもオートバイみたいに動くんです。あれだけ多くの自転車のモーターを充電できるのだから、電力事情はだいぶ良くなっているのでしょう。僕たちは初日の夜、空港から市内に向かいました。沿道の住宅は、灯が多くついていましたよ。案内員は「停電は一時期に比べると少なくなったが、まだ完全ではない」と言っていましたがね。それから、自動車も増えています。渋滞とまでは言えないけれど、タクシーが列をなしているようなところもありました。しかも、ちゃんと客が乗っていました。

編集部　車は中国製ですか？　日本車も走っていましたか？

岡　僕自身が車に詳しくないこともあって、正確なところは分からないけれど、北朝鮮製と中国製が多いと聞きました。幹部はベンツに乗っているそうで、よく見かけました。トヨタなど日本車もありましたよ。取材の案内をしてくれた運転手は「車は日本製が良い。他はよく故障する。車以外にも中国製品がたくさんあるけれど、どれも品質は日本製が一番だ」と言っていました。

編集部　一般の人の対日感情は悪くないということですか？

岡　正直言って、あの国の人の気持ちって、本音は分からないです。一日のかなりの時間は車に乗っての移動で、身なりがそれほど良くない「庶民」は、車窓から眺めるしかありませんでした。

4月16日　日産車の前を歩く親子連れ

僕らが平壌で会った人は、大半が労働党員で、いわばエリート。案内員だけでなく、店員やホテルの従業員たちも、みんな丁寧な言葉遣いで笑顔を絶やさず、愛想は良かったですよ。外国人の記者には、そういうふうにしなさいと指示されているのでしょう。

編集部　衛星からの映像だと、張りぼてみたいな建物もあるようですが。

岡　やたらと横に平べったい、ついたてみたいな住宅用とおぼしき建物がありました。ただ、平壌で高層ビルが増えているのは事実ですよ。

編集部　宿泊はどちらに？

岡　羊角島《ヤンガクト》国際ホテルでした。外国人が泊まる高級ホテルで、欧米や香港などから観光客がたくさん来ていました。北朝鮮に拘束されて解放直後に亡くなった米国人大学生もここに宿泊していたそうです。場所は平壌の中心部ですが、大同江《テドンガン》という川の中州の一番端にあるので、街を散策するには不便ですね。外国人の記者を閉じ込めておくにはうってつけの場所でしょう。

編集部　記事の執筆や映像編集はどこで？

岡　ホテルの1階にある大部屋の会議場が記者室としてあて

がわれ、各国の記者が作業していました。

編集部　インターネットは快適に使えましたか？

岡　少し遅いですが、記者室では有線回線で使えました。日本のサイトの接続は問題なかったです。韓国のサイトはだめでしたね。海外のエロサイトはつながったのに（笑）。政治的・思想的な統制の方を重視しているということなんでしょう。

遠足みたいな取材ツアー

編集部　取材の移動はどのようにしていたんですか？

岡　日本メディアは、北朝鮮製のワンボックスカーに各社1台ずつ分かれて乗りました。欧米やロシア、中東メディアは大型バスに集団で乗っていました。彼らは「日本メディアは優遇されている」と言っていました。北朝鮮当局にしてみれば、日本は敵性国で、記者の数が多いし、他の国の記者よりも密な監視が必要だということなんでしょう。

編集部　取材場所、インタビュー対象はどうやって決めるんですか？

岡　ほとんど当局が決めた場所です。例えば、案内員が大規模プール施設に連れて行ってくれて、「それでは、何時にこの場所に集合してください。それまではご自由にどうぞ」って。中学生や高校生の遠足というか修学旅行みたいでした。案内員が「あの人に取材しなさい」と指示することはなく、街中では通行人の中から僕らが映像として使いやすそうな人、分かりやすく言うと若い美人だとか、しっかり答えてくれそうな人を選んでいました。でも、みんな言うことは同じで、どんな質問をしても結局は体制を礼賛する答えばかりでした。

編集部　それは「さくら」を仕込んでいるということですか？

岡　多分違うでしょうね。証拠はないけれど、あの国で暮らしていると、他人と話すとき、特に外国人と話すときは一定のパターンの表現が染みつくんでしょう。日本について日本人の記者がマイクを向ければ、誰もが「日本はわが民族の敵」って言いますよ。だって、建国の父・金日成主席が日本と戦って、追い払ったというのが、あの国の神話みたいなものだし、今も経済制裁を受けているわけですから。

編集部　なかなか本音を引き出すことはできない？

岡　そうですね。今回、案内員に連れて行かれたところでは、市民はもちろん軍人の撮影もできたりして、北朝鮮にしては「自由度」が上がっているのかなとは感じました。しかし、そもそも僕らが「行きたい」って言った場所ではないし、案内員はずっと側にいるし、「取材の自由」なんて存在しませんよね。

編集部　ところでさっきから出ている「案内員」ってどんな人ですか？

岡　日本メディアには1社に1人、案内員が付きました。外務省などに所属する日本語が堪能な人たちです。監視役ではあるけれど、朗らかな印象の人ばかりですよ。夜になったら一緒に酒も飲むから、家族や仕事のこととか、打ち解けた話もしました。ただ、金一族の話になると、どんなに酔っていても、慎重に言葉を選んでいました。僕らだって、「最高尊厳」と呼ばれる金正恩委員長の悪口を言ったりしたら、拘束されるかもしれないんだから、注意深く話していましたけれどね。

編集部　ところで、平壌市民の服装はどうですか？　女性は美人が多いんですか？

岡　女性の服装は年々洗練されています。髪の毛は黒いままの人ばかりですが、特に若い女性は念入りに化粧をしている人が増えていると思います。平壌市内で人気だというイタリア料理店に行ったのですが、ピザを焼いていた店員がモデルみたいな若い美女でした。昼なのに歌のショータイムが突然始まって、彼女を含めた女性店員が歌って踊り出しました。イタリア料理なのに、「やっぱり北朝鮮」という感じでしたね。

編集部　男性の服装は？

岡　男性は、スーツを着ている人もいれば、人民服みたいな服装の人もいましたね。金正恩委員長が登場する行事では、高そうな生地の服を着ている人も結構いました。「晴れの舞台に着る衣装」ということなんでしょうね。

編集部　携帯電話は普及しているんですか？

岡　どんどん増えていますね。歩きながら通話している姿をよく見かけました。行楽地では家族連れが楽しそうにスマートフォンで記念撮影していました。

編集部　機種は？

岡　北朝鮮の地元メーカーのブランドが多いのだと思います。中身は中国製かもしれませんが、独特のロゴでした。

編集部　平壌がある程度発展しているのは分かりました。地方はどうでしたか？

岡　首都の平壌と比べれば、明らかな格差があります。道路は舗装していないところもあるし、農作業でいまだに牛が活躍しているし。だけど、やっぱり少しずつ良くなっています。携帯電話を持っている人も平壌ほどではないけれど、増えています。以前なら、黒い煙をもくもく吐いて走る木炭車を頻繁に見ましたが、今回はあまり見ませんでした。自転車も昔の古くさいものではなくて、カラフルなものが増えていました。

4月16日　電動自転車に乗る男性

経済制裁の効果

編集部　岡さんの話を聞いていると、経済制裁は効いていないようですね？

岡　僕が平壌の発展ぶりを語ると、「外国人の記者が取材しているときだけ、立派な服を着た人を歩かせたり、車を走らせたりしているんでしょう」と言う人がいます。確かに昔はそうだったかもしれないし、今も多少はそれに近い部分があるのかもしれません。しかし、高層ビルが増えているのも、派手な服装の女性が増えているのも事実です。
「外国人がいるときだけ無理して頑張っている」という前提で考えたとしても、僕ら日本の記者が行くたびに着実にレベルアップしていることは見逃せません。その背後には、中国がいます。日本が全面禁輸しても、中国は貿易を止めていないから、中国経由で日本製も含めて大量の商品が北朝鮮に入っています。
でも、「制裁強化で金正恩体制を倒せる」と思っている人は多いですよね。例えば、石川県の谷本正憲知事が6月21日に「（県内の）原発を狙うなら、兵糧攻めにして北朝鮮の国民を餓死させないといけない」と発言しました。「国民を餓死させる」が不適切だということで本人が撤回しましたが、発言の趣旨も問題です。「日本が制裁を強化すれば北朝鮮国民を餓死させられる」という前提の発言ですが、今の北朝鮮の実態を見れば、そんなものは幻想としか思えません。

編集部　中国がしっかり経済制裁しないと効果はあまりない？

岡　そのとおりです。中国が国境を封鎖して物流を止めれば、北朝鮮で多くの餓死者が出るかもしれませんが、現状では非現実的ですね。北朝鮮と取引のある中国企業に悪影響が出るし、難民が大量発生したら、習近平体制が揺らぐかもしれません。習体制の抵抗勢力が北朝鮮と連携しているという説もある。いずれにせよ、習国家主席は少しずつ北朝鮮に厳しい態度を取っていますが、まだ金正恩体制を崩壊させる決断をしていません。北朝鮮の案内員は「中国が我が国を追い込めば、自分たちに被害が出るからそんなことをするわけがない」と言っていました。

金正恩の体型を市民はどう見ている?

編集部　ところで、金正恩委員長の体型のことを市民に質問しましたか?

岡　横に案内員がいるから、僕にはそれを聞く勇気はなかったですね。仮に聞いたとしても、「敬愛する元帥様をお慕い申し上げています」という調子でしょう。いくら経済が良くなってきても、北朝鮮であれだけ太っている人は男女ともほとんどいないから、金正恩委員長のことを内心では軽蔑している人もいるかもしれないし、「たくさん食べることができて、うらやましい」と思っている人もいるかもしれないですが。

編集部　安倍晋三首相、米国のトランプ大統領のことは、どう言っていましたか。

岡　安倍首相については「米国と一緒になって我が国に圧力を掛けているが、金正恩元帥様がおられるので恐くも何ともない」。トランプ大統領のことは「先代のオバマに続いて我が共和国に悪辣な仕打ちをしているが、元帥様の下で一致団結している」という感じです。

編集部　金正恩委員長を直接取材できましたか?

岡　滞在中に彼が登場する行事の取材が2回ありました。1回目は「黎明通り《リョミョン》」という70階建てのタワーマンションを目玉とする新しい住宅街の完成式典の時。2回目は軍事パレードです。どっちも早朝集合なので大変でした。

特に、黎明通りの方は、前日夜に「明日は午前6時15分集合。携帯電話とパソコンの持ち込みは禁止」と言われたので、5時に起きるつもりで寝たら、午前4時過ぎに電話が掛かってきて、「時間が変更になりました。5時集合です」と。北朝鮮での取材は、直前まで予定を知らされないことが多くて、困りますね。

編集部　なんでそんなに早朝？　しかも、急に時間変更？

岡　警備の関係なんでしょうね。行事は10時ごろに始まりましたが、その前に持ち物検査が念入りに行われました。金属探知機を通った後、カメラを一つひとつ実際に撮影できるかどうか、兵士が確認していたので、時間がかかりました。

編集部　荷物の検査の後は？

岡　黎明通りの近くの広場に移動しました。僕らが現場に到着した時は、出席者はほとんどいませんでした。徐々に人が集まってきて、すごい群衆になっていました。最終的にはたぶん1万人、いやもっといたんじゃないでしょうか。人数を聞いても、誰も教えてくれませんでしたが。

編集部　どんな人が来ていましたか？

岡　ひな壇に並んだのは金委員長のほか、黄炳瑞《ファンビョンソ》・軍総政治局長、崔竜海《チェリョンヘ》・党副委員長、朴奉珠《パクボンジュ》首相らそうそうたる面々でした。広場には、一般党員や学生、黎明通りの建設に関わった兵士たちがたくさん来ていました。金委員長が現れると、みんな嬉しそうな表情で手を叩いて迎えていましたね。100メートル以上離れた取材場所からとはいえ、金委員長は、あの巨体だから、貫緑は感じられました。金委員長の妹で党中央委員会委員の与正《ヨジョン》さんもいました。はっきり表情は分からなかったけれど、おじいちゃんみたいに年の離れた幹部に身振りで立ち位置を指示していました。やっぱり、「お父さんの血を継いでいるから、気が強いんだろうな」と思いましたね。

編集部　美人でしたか？

4月15日　特殊部隊の行進

岡　うーん。まあ、そこは好みによるのかなあ（笑）。ネットで見たら、正面から撮影された写真でかなり細面の美人に映っているのが見つかるけれど、僕の印象では小柄で少しぽっちゃりしている気がしました。

編集部　金委員長は演説したんですか？

岡　いえ、金委員長はテープカットをしただけで、発言しませんでした。あの場面で、金委員長が演説したら、トランプ政権に「米帝を徹底的に粉砕する！」みたいな調子で、トランプ政権に対決姿勢を見せないといけなかったでしょう。そうなったら、トランプ大統領を刺激して、本当に戦争になるかもしれないから、金委員長にとっては演説見送りが現実的な選択だったんだと思います。軍事パレードにも姿を見せたけれど、一言も発しないで、にこにこ笑って手を振って帰って行きました。

編集部　現場の警備態勢は？

岡　日本だったら、総理大臣の近くの目立つところにSPが立っていて、制服や私服の警官が要所で警備するんでしょうが、どこにも制服を着た警備員の姿はありませんでした。徹底的に持ち物をチェックしているから、あの現場に凶器を持って入ることができる者はいないし、仮に変な動きがあっても、周りの人間が全員で押さえつけるということなんでしょうね。

編集部　式典の最中にトイレに行けましたか？　北朝鮮のトイレって、どんな感じですか？　昔の中国みたいについたてがないとか？

岡　早朝の持ち物検査の直後にトイレに行ってから、4時間ぐらいトイレに行けませんでした。式典は30分間弱ぐらいで終わり、金委員長が車に乗って現場を立ち去った後、黎明通りを歩いて見学しました。70階のマンションの中を見せてくれるのかと思ったら、「今日は見せられない」と言われました。金日成主席の生誕記念日の直前になんとか式典を開いたけれど、まだ建物の内装は終わっていなかったということかもしれません。そこでトイレに行けるかと期待していたんですが。結局、遠く離れた公園で用を足しました。さすがに大の方は個室でしたよ。小の方は壁に向かって流すような感じ。薄暗くて、においがきつかったですね。

目の前に新型ミサイル

編集部　軍事パレードの取材現場の様子を教えてください。

岡　早朝集合、携帯電話とパソコンの持ち込み禁止です。持ち物検査は黎明通りの時は1回だけでしたが、軍事パレードでは2回、チェックされました。

編集部　やっぱりトイレに行けなかったんですか？

岡　軍事パレードの時は、金日成広場に隣接する政府庁舎の1階のトイレを使わせてくれました。ここはぴかぴかの新しい便器で清潔でしたよ。

編集部　取材はどこで？　規制は厳しいんですか？

岡　新型ミサイルなんかが行進する映像をニュースでご覧になったと思いますが、あの行進の目の前が取材場所でした。目の前をミサイルが通っていくから、すごい迫力を感じました。「これが共和国の軍事力だ」と外国人の記者に見せつけたかったんでしょうね。軍用車両の燃料のにおいが辺りに漂っていました。

編集部　ミサイルの説明なんかはあったんですか？

岡　兵器の説明は全くなかったですね。僕は軍事の素人だから、「これは新型の巡航ミサイルかな」「これはICBMかな」と思いながら眺めていました。兵士はずっと「マンセー（万歳）」って絶叫していて、足並みを揃えて行進するから、地響きを感じました。特殊部隊らしき兵士の行進は異様でした。帰国後、日本の専門家に聞いたら、「普通の国だったら、特殊部隊はパレードの時はマスクをかぶる。顔をさらしていたから、あれは偽物だろう」と言っていました。

編集部　女性兵士も行進していましたね。

岡　小柄な人が多かったですね。女性の兵士はスカートをはいていました。後で映像を確認したら、脚にテーピングをしていた人が結構いました。北朝鮮では背筋を伸ばして、地面を蹴って飛び跳ねるように行進するので、練習中に相当、足腰を痛めたんでしょうね。

北朝鮮で暮らす日本人

編集部　平壌に日本人はいるんですか？　誰かに会いましたか？

岡　有名な人では、金正日総書記の料理人だった藤本健二さんですよね。彼が日本料理店を開いたというので、取材できるかと期待していましたが、今日は行けませんでした。平壌ではありませんが、日本海側の都市の咸興《ハムフン》で暮らしている日本人に取材できました。

編集部　咸興とはどんなところですか？　どんな経緯で取材することになったんですか？

岡　咸興は、海に面した工業都市です。日本の敗戦直後の混乱で、日本に戻れなくなった「残留日本人」と呼ばれる人たちが北朝鮮にはいます。２０１４年５月のストックホルム合意で、拉致

4月15日　パレードで演奏する音楽隊

被害者だけでなく、残留日本人も含めて、北朝鮮にいる全ての日本人について改めて調査して、帰国に向けた話し合いをすることになっていました。

編集部　岡さんたちが会った残留日本人はどんな人ですか？

岡　84歳のおばあさんです。朝鮮半島で生まれ育ち、終戦を迎えて咸興にたどり着いた後、家族と生き別れて、地元の人に育てられたそうです。日本語はほとんど話せなくて、僕らの方から「日本の歌を覚えていますか」と聞いたら、しばらく考え込んだ後、「春が来た」を口ずさみました。

4月15日　軍事パレードで行進する女性兵士

編集部　どんな暮らしぶりですか？

岡　咸興市内の大通りから奥に入ってすぐの集合住宅で、孫娘とその家族と暮らしていました。場所は、地方裁判所の真向かいだし、近くの大通りには商店も並んでいたから、立地はかなり良いでしょう。外見は、日本の古い公営住宅みたいな感じでしたが、中に入ると清潔で、たぶん北朝鮮では平均よりも良い暮らしだろうと思います。

編集部　「これだけ良い待遇を日本人にしてやっているんだ」と見せる意図があったんでしょうか？

岡　それもあるし、「高齢だから、人道的見地から早く帰国に向けて日朝政府間で交渉しよう」ということでしょう。北朝鮮系のメディアは、残留日本人で存命しているのは、このおばあさんだけだと伝えています。

編集部　軍事パレードはニュースでも新聞でも見ましたが、残留日本人のことは記憶にありません。

岡　そうでしょうね。本社の反応は鈍かったですよ。僕ら現場にいる記者は、北朝鮮が残留日本人の存在を公開するのは異例のことだから、ニュース価値があると思っていたんですがね。でも、東京の反応は「拉致被害者じゃないんでしょ」「拉致問題の関心をそらすために、そのおばあさんを出してきたんでしょ」みたいな感じで。まあ、確かにあのおばあさんは一度も日本に行ったことがないって言うし、ほとんど中身は北朝鮮の人。切迫したような悲壮感はありませんでした。

咸興では、在日朝鮮人の夫や父と共に北朝鮮に渡ったという日本人女性も取材しました。彼女たちは、かなり気の毒でした。彼女たちは詐欺に遭ったようなものだから。

編集部　詐欺？

岡　帰国事業で北朝鮮に渡った人たちのことを「自分の意思で北朝鮮に行ったんだから、自己責任だ」と言う人がいます。しかし、かつて日本メディアはこぞって北朝鮮を「地上の楽園」ともてはやし、北朝鮮への「帰国」を盛り上げました。彼女たちは北朝鮮の現実を知りませんでした。

僕らが咸興で会った日本人は、残留日本人の方を含めて6人。高齢者ばかりで、車いすに乗っている人もいました。最初は朝鮮語で、金正恩体制への感謝の言葉を語っていましたが、途中から感極まった表情で「亡くなった両親の墓参りをしたい」とか「家族と連絡が取れなくなっている」と日本語で話す人もいました。

彼女たちの話の結論は、「一度、日本に帰りたい。北朝鮮と対話をしない日本政府は悪い」ということなんですが、北朝鮮の役人が側にいるところで、彼女たちが体制批判をするわけがないし、「日本に帰国して永住したい」と言えるわけもない。あの苦しそうな表情は、「だまされた。日本に帰りたい」と訴えているように僕には見えました。

編集部　北朝鮮はそういう女性の存在を宣伝して、日本政府との交渉のきっかけにしたいわけですね？

岡　おそらくそうでしょう。でも、北朝鮮側も簡単だとは思っていないですよ。日本の世論が、拉致問題を最優先にしていることはよく分かっていますから。

外国メディア受け入れは外貨稼ぎ？

編集部　北朝鮮にいくら取材の費用を払ったんですか？　事前に有力者に付け届けをしたりしたんですか？

岡　答えにくい質問ですね（笑）。お金の支払いは上司がしていたから、正直言って、僕は正確に知りません。でも、わいろみたいなものはありませんよ。各メディアは日々、北朝鮮関係者との交流はしているだろうけれど。僕らが今回の取材で北朝鮮側に支払ったのは、宿泊や食事、自動車、携帯電話なんかにかかる実費。それぞれの料金は、先進国並みの水準だと思います。だから、一人当たり12日間で50万円以上はかかるんじゃないでしょうか。欧米などの外国メディアの滞在は、日本メディアよりも短期間だったけれど、１００人以上の記者が世界から集まったわけだから、数億円相当の外貨を北朝鮮は手にした計算になりますよね。

編集部　日本政府が経済制裁を強化しているのに、メディアが北朝鮮の外貨稼ぎの手助けをしていることになりませんか？

岡　そういう批判はありますよね。ただ、支払ったのはあくまで実費です。各社とも今回の取材を通じて、北朝鮮の問題点を指摘していました。僕らが向こうの思惑に完全に乗せられているなら、先ほどお話しした残留日本人の問題だって、もっと大きく報じているでしょう。

編集部　それでも北朝鮮の主張を垂れ流している部分はありませんか？

岡　難しいところですよね。でも、日本の外務省職員すら北朝鮮に行けませんし、研究者が労働

4月16日　平壌市内を歩く女性

新聞の現物を読むことも難しいというのが現状です。これでは、正確な情報分析は無理ですよ。

先ほどお話しした谷本知事は京大法学部卒業の頭脳の持ち主です。専門外であっても、県民の生命を守る観点から、真剣に分析していれば、もっとまともなことが言えるはずです。メディア、学者、政府関係者ぐらいは、互いにもっと自由に行ったり来たりできないと、冷静な情報分析はできないと思います。

今回の取材を通じて現状を伝えるためにメディアは現地に行かなければいけないと改めて思いました。日本の多くの人が抱く北朝鮮のイメージはあまりにも現実とかけ離れています。外交交渉はもちろん、戦争をするにしたって、相手のことを知らないといけないでしょう。

肅清の果てに確立した、社会主義では異例の〝王朝〟

金日成・金正日・金正恩、三代の系譜

――ナンバー2の張成沢《チャンソンテク》氏の処刑後、金正男《キムジョンナム》氏も怪死――葬り去られた中国の影

ロシア科学アカデミー東洋学研究所客員研究員
田中健之

権力闘争の終結

２０１７年4月15日。2月から毎月のように中距離弾道ミサイル実験をしていた北朝鮮が、この日、建国の父である金日成《キムイルソン》主席の生誕１０５年に合わせて、6回目の核実験と大陸間弾道弾（ＩＣＢＭ）の発射実験をするのではないかという憶測が広がっていた。

これに対してアメリカ第一主義を掲げるトランプ政権は、アメリカの安全保障を脅かすものだとして、それらの実験を阻止すべく、北朝鮮に対する軍事攻撃をも示唆、原子力空母カール・ビンソン率いる空母打撃群を朝鮮半島への派遣を決定するなど、軍事的な圧力を強めていた。

そうした中、北朝鮮は最大の祝日である、建国の父、金日成国家主席の生誕１０５年を祝う太陽節を迎えた。この日、世界中が核実験とＩＣＢＭの発射に耳目を注ぐ中、平壌《ピョンヤン》の金日成広場では、アメリカの圧力に意を介することなく各種の新型ミサイルと化学部隊、特殊部隊なども参加した大規模な軍事パレードが行われた。

またこの日は、「金日成主席生誕１０５周年慶祝中央報告大会」も平壌で開催された。

これら２つの行事に、金正恩《キムジョンウン》国務委員長はいつもの中山服ではなく、スーツ姿で出席し、胸には金日成と金正日《キムジョンイル》の２人の肖像が描かれたバッチがないのが印象的であった。

中央報告大会の席上、北朝鮮のナンバー２である金永南《キムヨンナム》最高人民会議常任委員会委員長が、

「金日成主席が切り開いた白頭の革命偉業は、金正日総書記によって力強く前進してきた今日、最高指導者金正恩委員長の指導の下で、新たな歴史的転換期を迎えている」

と演説した。北朝鮮のナンバー２によるこの発言は、様々な権力闘争の結果、金正恩体制の確立を宣言したものだった。

実は、この太陽節の約２か月前の２月13日、金正恩国務委員長の腹違いの兄、即ち故金正日国防委員長の長男、金正男《キムジョンナム》氏がマレーシアのクアラルンプール国際空港にて、ベトナム人とインドネシア人の２人の女性から猛毒のＶＨガスを降りかけられて、殺害された。

金正男氏暗殺事件は北朝鮮によるもの、とりわけ金正恩国務委員長の指令によって行われたものだという憶測が世界中を駆け巡った。

金正男氏の死去によって、金正恩氏は北朝鮮における最高権力者としての地位を不動ならしめ、ここに金正日国防委員長亡き後、約5年半に及ぶ北朝鮮の権力闘争が終結した。その権力闘争終結宣言こそが、中央報告大会における金永南氏の発言だった。

金正恩体制の成立

2011年12月17日、北朝鮮の最高権力者である金正日国防委員長が死去、09年に、父親の金正日氏によって、後継者だとして指名されていた、金正恩氏が権力を継承した。

そもそもこの後継者の指名は、金正日氏の妹の金敬姫《キムギョンヒ》女士の婿である張成沢《チャンソンテク》国防委員会副委員長が、その後ろ盾として、影響力を行使すべく働きかけたことによるものだと伝えられている。

11年12月17日の金正日氏逝去を受けて、同月19日、朝鮮中央放送は金正日氏の訃報を宣告、この中で金正恩氏のことを「卓越した領導者」と呼称した。

また、金正日氏が朝鮮人民軍最高司令官に就任した記念日である、12月24日付の朝鮮労働党の機関紙『労働新聞』は、「最高司令官」「将軍」と金正恩氏を呼称し、翌日の朝鮮中央通信では、同氏のことを「革命武力の最高指導者」、または、「不世出の先軍統帥者」とも呼称して、金正恩氏が、父親の金正日氏の政治的後継者であるということが内外に示された。

同年12月29日に平壌で挙行された、金正日氏の中央追悼大会の席上、朝鮮労働党の序列第二位で、対外的には元首の役割を果している金永南最高人民会議常任委員長は、追悼の辞の中で、

「権力の継承問題は完全に解決した」と述べ、「党・軍・人民の最高指導者」と金正恩氏のことを呼称し、その権力継承を公式に宣言した。

この宣言を受けて、翌日に開催された朝鮮労働党中央委員会政治局会議の席上、金正恩氏は亡父の後任として朝鮮人民軍最高司令官に推戴され、同職に就任した。

続いて12年4月11日に開催された第4回朝鮮労働党代表者大会において金正恩氏は、最高職として新たに設置された第一書記に推戴され、就任した。

また金正恩氏は、政治局常務委員・中央軍事委員会委員長にも就任し、更に同月13日に開かれた第12期最高人民会議第5回会議の席に於いて同氏は、国防委員会第一委員長に就任する。

本来金正恩氏は、金正日氏の逝去によって空席となっていた、総書記と国防委員長を継承するはずであったが、同氏は「それらの席は、金正日氏が永久に就任すべき地位だ」として、それらのポストに就任しなかったため、新たに設けられた最高職に就任したのである。

このようにして金正恩氏は、正式に党・国家・軍の三権を握る最高指導者になったのである。

そして同年7月17日、党中央委員会などの決定を受けて金正恩氏は、朝鮮民主主義人民共和国元帥の称号を授与された。

ところで金正男氏は、父親の金正日氏の後継問題について、東京新聞の五味洋治記者の取材に対して、三代世襲を「物笑いの対象」とまで批判したうえで、「社会主義理念にも符合しない」とし、「世襲のため、北朝鮮は国力が落ちてしまうとの懸念がある」とまで断言している。

もっとも金正日氏自身、三代世襲には最も否定的で、「息子には権力を継がせない」と繰り返し述べていたと言う。それにもかかわらず、三男の金正恩氏が権力を継承したのは、北朝鮮の特徴的な内部的要因があったと、金正男氏は述べている。

朝鮮史を紐解く時、李氏朝鮮を創建した武将・李成桂《イソンゲ》の権力継承争いが有名である。その例に見る如く、北朝鮮の特徴的な内部的要因とは、まさに朝鮮史の中で伝統的に特有な問題としてたびたび生じてきた、士禍《しか》と党争に他ならない。

かくして、金正日氏亡き後に発足した金正恩体制であるが、28歳という若さで、北朝鮮の最高権力者となり、大変複雑な朝鮮半島情勢を切り盛りすることは、誰かベテランの後見人がいないと無理なのではないか、と懸念する声が世界中で沸き起こった。金正男氏は、「37年続いた絶対権力を、2年ほど後継者教育を受けただけの若者が、どうやって受け継いでいけるのか疑問だ。正恩は単なる象徴となり、これまでのパワーエリートが実権を握るだろう」と予見している。こうした年若い金正恩氏が、父親の金正日氏の後継者として北朝鮮の最高指導者になった直後、その後見人だとされていたのが、父の義弟である張成沢氏だった。

張成沢氏は、金ファミリーの一員として、党・国家・軍の機構に影響力を行使する立場を行使して、金正恩体制における実質的なナンバー2の地位を築き、国防委員会副委員長をはじめ、朝鮮労働党中央委員会政治局員、朝鮮労働党中央軍事委員会委員、朝鮮労働党中央委員会行政部長などの要職を務めていた。

また、朝鮮人民軍においては、大将の軍事的階級を保有していた。このように金正恩体制は、張成沢氏が当面の間は摂政として若い金正恩氏を取り持つ体制がとられるものとみられていた。

粛清の帝国

ところが2013年12月3日、韓国国家情報院は突如、「張成沢国防委員会副委員長が失脚し、側近2名が公開処刑された」ことを明らかにした。一方、北朝鮮の朝鮮中央通信も12月9日、正式に、「8日に開かれた朝鮮労働党政治局拡大会議の決定によって、党から除名した」と報じた。12月12日、張成沢氏は、「国家転覆陰謀行為」により死刑判決を受け、即日処刑された。彼は、数百発の機銃掃射を全身に浴びて絶命、その遺体は、火炎放射器で焼き尽くされた。その処刑方法は、「地球上から痕跡をなくせ」とする、金正恩氏の指示によるものであった。

12年8月、10億ドルの借款と投資拡大を中国に依頼するため、張成沢氏は中国を訪問、胡錦濤《こきんとう》国家主席や温家宝《おんかほう》首相らと個別面談した。

同月17日、胡錦濤氏と1時間以上、通訳だけを介して密談した張成沢氏は、「場合によっては、核を放棄することもできる」と述べたうえ、「金正恩に代わって、異母兄の金正男を擁立する可能性について」も言及したと言われている。

この密談内容は、中国共産党最高指導部のメンバーだった周永康《しゅうえいこう》（収賄、職権濫用、国家機密の漏洩で失脚、党籍剥奪の上、無期懲役）から北朝鮮に漏れていた。

中国式の開放改革による経済立て直し路線をとる張成沢氏は、北朝鮮の核開発に懸念を示す中国に気をつかい、最高権力者として体制を固めつつある金正恩氏に対して、中国が背を向ける核実験をしないように忠告した。これに対して金正恩氏は、「北朝鮮が生きる道は核しかない」として、その忠告を聞くことはなく、同年12月12日には、事実上の長距離弾道ミサイル「銀河3号」を発射し、翌年2月には第3回目の核実験を行った。

北朝鮮では、軍傘下の「54部」が、良質の石炭を中国に輸出して外貨を獲得していたが、その外貨獲得部門を、朝鮮労働党行政部長だった張成沢氏が再編をし、軍に替わって行政部の管轄下に置いた。同氏は、軍に対して絶えず、外貨獲得をする会社を内閣に渡せと圧力をかけており、それに抵抗していた朝鮮人民軍総参謀長の李英浩《リヨンホ》氏に「宗派（派閥）形成」や「浮華堕落」、「麻薬取引に絡む収賄」などの罪を着せて、逮捕し、失脚させた。

外貨が軍から行政部の管轄に移管されると、党の機密費を扱う、朝鮮労働党「39号室」に外貨を上納せずに、行政部傘下の会社にそれをプールしていた。

39号室の機密費の中から、金正恩氏が自由に使える秘書室の資金が大幅に削除されていたため、それに激怒した金正恩氏が、行政部の外貨獲得事業を、今までのように軍の管轄下に置くように命じた。直属の護衛総局の要員が、軍傘下から行政部の管轄に置かれた、54部の事業所の一つを接収しようとしたところ、現場の責任者は「一号同志の承認を取り付けろ」として、それを突っ跳ねた。

北朝鮮では「一号」と言えば、最高指導者のことを指す。ここで言う「一号同志」とは、張成沢氏のことを示しており、金正恩氏以外の人物、つまり張成沢氏を最高指導者だとして仰ぐ勢力が形成されている事実を如実に物語っていた。

朝鮮労働党員が、命を懸けて守るべき「党の唯一領導体系確立の十大原則」には、個別幹部の偶像化や分派活動の排除を謳う条文があった。張成沢氏が、金正恩氏の後見人だという地位を利用して、勝手に中国式の改革開放路線を推進したり、外貨を行政部の管轄下に置いたりする行動は、金正恩氏の眼から見れば、まさに分派活動だと言えた。

中国の影を拒否した金正日体制

北朝鮮を、開放改革路線に推し進めようとする張成沢氏は、金正恩氏の首を金正男氏に挿《す》げ替えてでもその方針を貫こうとした。金正男氏もまた、北朝鮮が生き残るためには「社会主義体制を維持しつつ経済の改革開放を進める中国式のやり方しかない」と再三唱えていた。

一方中国も、北朝鮮が先軍政治の下、核とミサイル開発に突き進み、朝鮮半島が緊張に包まれるよりも、改革開放路線によって安定することを強く望んでいた。

ところで、朝鮮民主主義人民共和国の建国の父と謳われている金日成主席は、1982年4月15日、70歳の誕生日を機に、長男の金正日氏に政権実務を手渡した。

同年9月16日、金日成主席の後継者として、金正日氏は中国を公式訪問する。

この日、鄧小平《とうしょうへい》中国共産党中央軍事委員会主席をはじめ、胡耀邦《こようほう》党総書記、趙紫陽《ちょうしよう》首相、翌年国家主席に就く李先念《りせんねん》氏らが、北京駅に金正日氏を出迎え、手厚く歓迎した。

金正日氏はこの時、上海をはじめ南京、青島など改革開放が進む沿岸都市を見て回って帰国した。

同年6月15日に開催された、朝鮮労働党中央委員会第6期7会議において金正日氏は、「中国共産党は、社会主義や共産主義を捨てた」と激しく批難し、「中国が国是に掲げる〝四つの近代化〟路線は、資本主義を目指すもので、修正主義だ」と談じた。

鄧小平氏を「修正主義者」呼ばわりしたうえ、中国の改革開放路線を全否定した金正日氏の言動は即刻、秘密ルートを通して中国共産党指導部に伝えられた。

これに対して鄧小平氏は、

「何て馬鹿な奴だ。世間知らずの小童《こわっぱ》（黄嘴郎）のせいで中国は危険に曝されるかもしれない」

と激怒したという。

事態を深刻に受け止めた中国指導部は、金日成主席を呼んでその真意を確かめた上で、鄧小平氏は「金正日氏とは、協力関係を築けなくなるかもしれない」

と懸念を伝えた。平壌に帰った金日成主席は再度、金正日氏を北京に送ろうとしたが、

「中国が修正主義の道を歩むのは中国の問題。中国自身で決めること。ただし〝主体朝鮮〟は、中国の言いなりになる必要はない。我々は我々式で行くべきだと思う」

と述べ、父親である金日成主席に逆らった。

「中国は危険に曝されるかもしれない」

という鄧小平氏の言葉どおり、金正日氏はその10年前から、「対南工作」のために、相次いで拉致を指示していた。更にラングーン爆破テロ事件や大韓航空機爆破事件など、相次ぐテロ事件の計画、実行をはじめ、核とミサイル開発など、まさに鄧小平氏が言っていたとおり、金正日体制は「中国を危険に曝す」体制となった。

その後金正日氏は、1983年に2回訪中して以降、17年間も中国に行くことはなかった。

こうして中朝関係は、金正日体制が確立してから一気に冷え込んで行った。

ところで金正男氏は、「北朝鮮は改革開放しなければ、経済破綻することは眼に見えているが、改革開放すれば体制崩壊の危機を招く」と、祖国の現状について分析している。

95年から中国に在住していた金正男氏は、上海の急速な成長を目撃して、北朝鮮の改革開放が必須だと考えるようになる。

彼は父親の金正日氏に、中国式の改革開放による北朝鮮の経済改革を直言したうえ、96年には北朝鮮に台頭してきた、資本主義を支持するグループの会合に参加し、北朝鮮経済の再生には中国式改革しか他に方法はないことを強調し、その必要性を訴えた。

会合から1週間もしないうちに、金正男氏は、平壌の中心部である大同江《テドンガン》区域の百貨店近くで、「光明星会社」という看板を掲げて、建物の建築に着手した。

これに対して金正日氏は、長男に危険思想が芽生えたことを痛感し、「経済より政治を勉強しろ」として、経済部門から外して活動を制限したうえ、長男の側近を次々に逮捕していった。

こうして父親の金正日氏の逆鱗《げきりん》に触れた金正男氏は、長男であったにもかかわらず後継者から除外され、自らは亡命者のようになって、中国など海外で暮らさざるを得なくなった。

核とミサイルによる先軍政治を、国策とした金正日体制を継承し、更にそれに拍車をかける金正恩体制について、中国は北朝鮮の経済的な自立は見込めないと分析している。

事実、北朝鮮の政権は金正日体制以来、経済の8割を中国に依存しているのが実情だ。経済成長最優先の政策をとる中国にとって、隣国である北朝鮮の安定は必要不可欠である。

北朝鮮に混乱が生じた場合、中国は「金正男氏擁立」を重要な選択肢のひとつにしていた。中国式改革開放を推し進めようとしていた張成沢氏も、中国に対して金正男氏擁立の計画を中国側に話したことは前述した。

中国にとって金正男氏の存在は、最大にして最後の北朝鮮圧迫のカードであった。中国は、金正恩体制が破綻した際には、思想的に近い金正男氏を平壌に送り込み、北朝鮮の指導者として擁立する計画であった。

そこで金正恩氏が決断したことは、それが一族、つまり叔父や兄であったとしても、張成沢氏をはじめ金正男氏までも含めた中国の影を葬り去ることであった。

金正男氏は、北朝鮮亡命政府の首班に担ぎ出されるのではないかとか、金正男を担ぎ出すクーデター計画があったのではないかと、各種怪説が飛び交う中、異郷で暗殺されてしまった。

これによって中国は北朝鮮圧迫のためのカードを完全に失うこととなった。

金正恩体制成立から今日に至るまで、北朝鮮では150から200人の高官が粛清された。つまり金正恩体制は、粛清を繰り返すことによって、ようやく確立したのである。金正恩体制の根底を揺るがす存在だったのが、中国共産党を背景にした叔父の張成沢氏であり、兄の金正男氏だったのだ。その派閥に繋がる側近や同志たちを根こそぎ葬らなくては、金正恩体制は成立し得なかった。

そのようにして成立した金正恩政権は、中国との関係が良くないことは言うまでもない。

唯一、中国共産党と太いパイプ役であった、張成沢、金正男の両氏を粛清した金正恩政権と、核心的な対話ができる窓口を中国は持っておらず、北朝鮮の軍事的な挑発を抑止する役割を中国に荷負わせようとするトランプ政権は、余りにも無知であると言わざるを得ない。

金日成体制が成立して以来、北朝鮮では、三代にわたって、伝統的に朝鮮に強い影響力がある中国の勢力を排除し、中国におもねる人々を次々と粛清してきた。

文化的にも中国式の漢語を極力使用せず、朝鮮土語を多く用いて、全てハングル文字による表記を行っている。このような北朝鮮に対して、中国による抑止力は無力であるばかりか、かえってそれは、北朝鮮の反発を強めるばかりである。

トランプ政権が北朝鮮への抑止として、中国を使おうとする背景は、実は北朝鮮に対して無力な中国に対して、中国が北朝鮮への制裁に協力していないと言うことにかこつけて、中国に対する圧力を加える手段として、北朝鮮問題を利用している節がある。

その証拠にトランプ政権は、台湾に対してミサイルなど総額１５００億円余りの武器を輸出すると発表し、中国政府に対する揺さ振りをかけた。

では、北朝鮮に対して抑止力となり得る国と言えば、かつて北朝鮮の建国を後ろ楯てしたソ連の後任国家である、唯一ロシア以外にはない。

北朝鮮が相次いで発射する弾道ミサイルが、次々と正確に標的に着弾している事実からすると、北朝鮮は、ロシアの〝グロナス（Glonass）〟の〝衛星測位システム〟（一部は、中国の〝北斗〟衛星測位システム）の技術を適用した、誘導機能を持っているからに他ならない。

また、多くの北朝鮮労働者が、ロシアに出稼ぎに行っており、多額の外貨が北朝鮮に渡っているのである。

そして、第二次朝鮮戦争の危機が叫ばれている最中の２０１７年5月18日、北朝鮮の羅津とロシアのウラジオストクを結ぶ定期航路が新たに開かれ、かつては、新潟と北朝鮮の元山を往復していた北朝鮮の貨客船、〝万景峰〟が就航した。

このように北朝鮮は、中国よりもはるかにロシアとの関係を重視しているのである。

金正恩氏は、権力を継承して間もない２０１２年10月12日付で、「革命家の遺児は万景台《マンギョンデ》の血統、白頭《ペクトゥ》の血統をしっかり継いでいく先軍革命の頼もしい根幹となるべきである」と題する書簡

（『最後の勝利をめざして』と表題が付けられた自らの著作集に収録）を発表。この中で次のように述べている。

「革命家の血を引いているからといって、その子がおのずと革命家になるわけではありません。偉大な大元帥たちが述べているように、人の血は遺伝しても思想は遺伝しません。

革命思想は、ただ絶え間ない思想教育と実際の闘争を通じてのみ信念となり、闘争の指針となり得るのです」（『最後の勝利をめざして』金正恩著、平壌・外国文出版社）

実際の北朝鮮における闘争とはまさに、国内的には権力維持のための粛清であり、対外的には韓国の解放統一、南の政権を支えるアメリカ帝国主義勢力の打倒、駆逐を意味している。

金正恩政権は、粛清にはじまり戦争に終わる。その自信の表れが、共産主義政権にとって最も重要な行事とされている、朝鮮労働党大会が実に36年ぶりの２０１６年5月に開催されたことにある。金日成体制から過渡期にあった金正日政権の時にそれは、一度も開かれることはなかった。これによって金正恩氏は、内外に新体制確立を示したのだ。

金日成体制の原点

２０１０年9月27日、「朝鮮中央通信」は、金正日氏が金正恩氏に、「朝鮮人民軍大将」の称号を授与したと報じた。これを受けて、翌日から開かれた朝鮮労働党代表者大会に参加した、金正恩氏の写真が世界に初めて公表された。

その写真を見た人々は、「父の金正日よりも祖父の金日成に似ている」ことに驚いた。金正恩氏は確かに、北朝鮮を建国した当時の若き金日成氏に似ている。

彼はそれをわざわざ意識してか、金日成体制を大きな参考とした政治を進めている。

日韓併合によって失われた祖国朝鮮を回復すべく、満鮮国境地帯の白頭山の密林を拠点として、武装蜂起を続けていたのが、金日成氏が率いる抗日パルチザンであった。

今日、抗日パルチザンを率いていた金日成とは、朝鮮民主主義人民共和国を建国した金日成氏とは別人で、複数いることが定説となっている。

1945年8月15日、ポツダム宣言の受諾によって、日本軍は連合国軍に降伏した。これによって連合国軍は日本を占領、当時日本の一部であった朝鮮半島を米・ソが分割統治、それぞれに都合がよい傀儡政権を成立させた。いわゆる〝ポツダム国家〟である。

ポツダム国家とは戦勝国である米・ソが世界分割支配を定めた、ヤルタ密約を受けて構築したポツダム体制によって成立した米・ソによって成立させた傀儡政府、または準植民地のことを言う。日本と韓国は、いまだに国内に米軍基地や地位協定があり、今日も尚、ポツダム国家なのだ。

終戦後ソ連は、朝鮮半島の北緯38度線以北を占領統治した。朝鮮半島北部は、東学党の系譜を引く、天道教の影響による民族主義的傾向が強く、ソ連は同軍の特務大尉である金聖柱《キムソンジュ》氏を、〝百戦百勝の霊将〟と称えられた朝鮮民族独立の伝説的英雄・〝金日成〟として演出し、すりかえた。

48（昭和23）年9月9日に建国した朝鮮民主主義人民共和国には、次の四つの派閥があった。

満洲派・ソ連派・延安派・国内派である。

ソ連によって作り出された英雄の権力基盤は、唯一絶対的なものではなかった。そのため金日成氏は、自らの出身母体である、満洲派以外の派閥に身を置く、主要人物粛清を朝鮮戦争期から開始し、１９５８（昭和33）年に至るまでに終了、金日成体制を確立した。

金日成氏による権力闘争は、友敵間の確執を巧みに利用し、敵の差異を上手に活用した。そのために、金日成氏が起こしたのがソ連、中国を巻き込んだ朝鮮戦争だった。

今日、金正恩氏によるミサイル発射と核実験も、米・中・露間の矛盾を巧みに利用する戦術で、アメリカが中国を利用して北朝鮮を抑えようとしても、その圧力に屈さずにミサイルを連続して発射、中国の面子を潰すことで、米中関係を悪化させようと企む一方、中国と必ずしも良好な関係だとは言えないロシアを利用して、制裁に対する突破口を開こうとしている。

ところで、自派以外の各派閥を粛清して確立した金日成体制は、金正日氏、金正恩氏と続く世襲制となり、社会主義の中で、異例的な王朝ともいうべき体制を築き上げた。

この体制こそ、中国、ソ連を手玉に取り朝鮮戦争を引き起こして、アメリカと戦った、抗日パルチザンの英雄、〝金日成将軍〟を生涯演じることができた金聖柱氏の影響力を象徴するものである。

ソ連軍によって担ぎ出されて、朝鮮民族独立神話の主人公たる金日成を演じることになった金聖柱氏だったが、彼は自らが独裁体制を築くことによって、民族独立の英雄である本物の金日成へとその姿を変えて行った。

金日成氏は、米ソによって南北に分断された祖国朝鮮の統一と、ソ連の傀儡国家として成立した北朝鮮を、ポツダム国家から脱した独立国とするために、南侵を決断、ソ連、中国を朝鮮戦争に巻き込んでアメリカと戦った。

それは金日成氏自身が、絶対的な指導者として君臨する権力基盤の確立と、ソ連ならびに中国による統制から自由になる戦いでもあった。

更にその戦争は、アメリカをはじめとする西側諸国に、〝金日成〟という存在を認識させ、朝鮮民主主義人民共和国という独立国家が存在していることを示すためでもあった。

戦後、金日成氏は、中国やソ連とも距離を置いて、〝主体の国〟として自給自足を原則とした、独自の国家として北朝鮮を築き上げて行く。

本来、１９４５年に朝鮮を占領した米・ソ両国とも、朝鮮半島を分断、信託統治をして、統一した独立国家を成立させる計画はなかった。今後対峙するであろう体制が異なる米・ソ二大大国は、それぞれの緩衝帯として朝鮮を南北に分断して、便利に使いたかっただけである。

そこで米・ソは、独立とは名ばかりの、南北に分断されたたポツダム国家をそれぞれ建国した。北も南も等しく、朝鮮民族の悲願は、南北に分断された祖国の統一を果たし、真に独立国家を成立させることにある。

しかし南北統一は、体制が異なる一方の国の消滅を意味している。つまり統一をするためには、北か南かのどちらかが、片一方の体制に吸収合併されてなくては、その悲願を達成することはできず、戦争による統一以外にその方法は困難なのも事実だ。

そのため北朝鮮は、１９７０年代半ばより密かに核開発をして、今日ようやく核保有国になった。韓国の朴正熙《パクチョンヒ》大統領もほぼ北と同じ時期、極秘裡に核開発を計画した結果、１９７９年10月26日、米国の情報機関の指令を受けた、ＫＣＩＡ部長金載圭《キムジェギュ》によって暗殺された。

中・ソを巻き込んで行われた朝鮮戦争は、金日成氏の権力基盤を確立すると共に、金日成という存在と朝鮮民主主義人民共和国という国家を西側諸国に認知させることに成功した。

この朝鮮戦争という悪夢は、今度は核と弾道ミサイルの威力を背景に北朝鮮が、大国を巻き込む形で、より強硬に南北統一の行動をとりつつ、アメリカや日本を確実に巻き込んでいく。

今後、金正恩氏が金日成主席の道統を継承する限り、その体制は強硬でなければ、決してその体制を維持できるものではない。

１９９１年12月、ソ連が崩壊、完全にソ連という箍《たが》が外れ北朝鮮は、ポツダム国家から独立国家へと変貌を遂げた。

一方、韓国と日本は、いまだにアメリカの影響力の下にあるポツダム国家のままである。

北朝鮮の核とミサイルが、日本に照準を合わせている今日、日本は一刻も早く〝ポツダム国家〟から脱却しなくてはならない。

無敵だったはずの日本が、アメリカに敗れたのは、〝核〟を持っていなかったからだ。アメリカによる原爆投下当時、日本だった北朝鮮は、そのことをよく判っていた。

従って北朝鮮は、アメリカに対抗、抵抗するためには、何よりも〝核〟が必需であることをよく知っていた。

アメリカは、ポツダム国家である日本が、核武装することを決して許さず、あくまでも日米地位協定に基づく、日米安保体制の枠組みの中、つまり、アメリカの核の傘の下でしか、日本の安全保障は許すことはない。

しかし、北朝鮮が核保有国となり、大陸間弾道ミサイル（ＩＣＢＭ）の発射実験に成功した今日、アメリカの傘は北朝鮮によって完全に破られた。

「火星14号」のように、ロフテッド軌道で打ち上げられた核ミサイルが、マッハ18という速度で、宇宙空間から着弾する場合、それを迎撃する術を我国は完全に失い、確実に日本列島は完全焦土と化す。

今後日本は、国家と国民が生存する権利を護るための国防の観点から、日本独自の立場による〝核武装〟化を真剣かつ必然的に念頭に置いた、高度国防国家体制の確立が急務となる時代に突入した。

日本は、日韓併合によって日本の一部となった朝鮮を、自らが敗戦したために、米・ソによって南北に分断されたポツダム国家を朝鮮半島に作られることを許してしまった。

従って日本は、敗戦によって米・ソから南北に分断された朝鮮半島を、日本の敗戦責任として、南北の平和統一ができる要の役割を果たすべきである。不徹底なる終戦処理と、ポツダム国家として、体制をアメリカに委ね続けて来た結果が、朝鮮半島の南北分断を強め、その挙げ句の果て、核とミサイルで武装した北朝鮮の膨張に歯止めが掛けられなくなってしまったのだ。

南北朝鮮の平和統一のために、日本はありとあらゆる努力を重ね続ける必要がある。そして大胆で独自な外交路線を構築しなくてはならない。拉致問題解決の原点もそこにあるのではないかと思う。日本が今日のように、ポツダム国家のままに甘んじたならば、いつまでたっても北朝鮮の核とミサイルに恫喝され続けるばかりか、近い将来、本当に北朝鮮の核ミサイルが日本に打ち込まれることにもなりかねないのである。

田中健之（たなか・たけゆき）
1963年福岡市生まれ。拓殖大学日本文化研究所附属近現代研究センター客員研究員を経て、現在、岐阜女子大学南アジア研究センター特別研究員および、ロシア科学アカデミー東洋学研究所客員研究員、全ロシア日本研究会研究員。孫文の日本亡命などを支援した玄洋社初代社長・平岡浩太郎の曾孫で、黒龍会の内田良平の血脈道統を継ぐ。著書に『昭和維新』（学研プラス）、『実は日本人が大好きなロシア人』（宝島社）などがある。

「北朝鮮亡命政府」トップ候補の若きエリート

金正男の息子、ハンソルは中国国内にいる!?

金日成につながる「白頭《ペクトゥ》の血統」を受け継ぐプリンスの行方とは

東京新聞編集委員
五味洋治

今、世界でもっとも危険視されている人物が北朝鮮の指導者金正恩《キムジョンウン》・労働党委員長だとすれば、もっとも探されている人物は金ハンソル（22）かもしれない。私は、彼が、韓国や米国の支援者の協力を受けながら、中国国内に潜んでいると判断している。これからその理由を説明していきたい。

ハンソルは、故金正日《キムジョンイル》総書記の長男・金正男《ジョンナム》（45）の長男である。父・正男は2月13日にマレーシアで現地の女性2人に毒物を顔にかけられて殺害された。犯行の背景には北朝鮮の外交官などが多数からんでいたことが分かっているが、犯行後に捜査の手を逃れて帰国しており、真相は藪の中となっている。

権力を手にして5年を超えた金正恩党委員長は、対外的には核・ミサイル開発で国際的な制裁を受け、国内的には父・金正日時代から仕えた党や軍の高官を次々に粛清し、着実に権力を固めている。そのため、長い間海外で生活し、国内でもその存在が忘れられている異母兄の金正男を、あえて今のタイミングで殺害する理由は思い当たらない。

しかし、複数の関係者の証言からあることが浮かんできた。昨年来、欧州にいる脱北者たちが、「北朝鮮亡命政府」を樹立しようと計画し、正男をそのトップに据えようと動いていたことが分かってきた。北朝鮮はこの計画に強い警戒心を抱き、海外の空港で暗殺という極端な手段に出たようだ。

正男の命を奪った「亡命政府計画」

亡命政府計画を立てていたのは金主日《キムジュイル》だ。金は国際脱北民連帯や、在ヨーロッパ脱北民総連合会を取り仕切る有力者だ。１９７３年、咸鏡北《ハムギョンブク》道《ト》吉州郡《キルジュグン》で生まれた。北朝鮮人民軍第5部隊の小隊指揮官の時、北朝鮮を脱出した。２０１３年5月、英国の永住権を獲得。現在は英ロンドンの韓国人街であるニューモルデンに住み、身につけたコンピュータスキルを生かして、北朝鮮関連ニュースを伝えるサイト「Free NK News Paper」を運営している。

欧州には現在約１２００人の脱北者が暮らしており、英国には約７００人の脱北者がいるという。その金主日は、２０１７年上半期までに米国を拠点に「北朝鮮亡命政府」を樹立する構想を発表していた。自由民主主義を中心として国家体制は変えず、国内経済を改革・開放していく中国のような国家を目指す内容だ。この構想に沿って、世界にいる有力な脱北者に対して参加を呼びかけていた。

今年の初め、金主日から「国防相にならないか」と持ちかけられたというソウル在住の脱北者の男性はこう話す。

「本来秘密で進めなくてはならないのに、この構想をあちこちで吹聴しており、危なっかしいと感じた。韓国政府は南北関係が複雑になるとして、亡命政府の樹立には絶対反対で、私も時期が早すぎると断った」

関係者によると金主日は、海外で生活する金正男に接触した。マカオとシンガポールで少なくとも2回、亡命政府への参加を呼びかけたという。

金正男は、身の安全を考えて日頃から「北朝鮮の政治には関心がない」と発言していた。自分が持っている企業の経営や投資も順調で、それなりに豊かな生活をしている。そのため、金主日からの申し出についても、「関心がない」「自分が亡命政府の代表になれば、自分が以前から批判している権力の世襲につながってしまう」と固辞したという。

北朝鮮国内の友人と今も連絡を取り合っている前出の脱北者が、言葉を続ける。

「金正男は代表就任を固辞したのに、北朝鮮当局は異様に敏感になっており、この計画を知りたがっていた」と話す。政権の危険につながるものはすべて除去するのが正恩のやり方だ。金正男は今年に入って北朝鮮の秘密警察である保衛省の工作員にマークされていたという。

第1ターゲットの除去は成功した。「次のターゲット」として名前が挙がっているのがハンソルだ。金正日総書記の孫に当たる。平壌《ピョンヤン》で生まれ、父の金正男とともにマカオで育った。

ハンソルと正男は非常に仲が良く、一緒にテレビゲームをすることもあった。2人は環境保護や、脱原発の必要性でも意見が一致していたという。北朝鮮の現状に関して、どんな話をしていたかは分からないものの、父の金正男と同じように、3代続いた権力世襲や、経済の現状には批判的な考え方を持っていたのは間違いない。いわば改革派だろう。

「国際政治の現場を見たい」とボスニアへ留学

ハンソルは、留学先としてボスニア・ヘルツェゴビナを選んだ。私はかつて金正男に単独インタビューしたことがある。そのとき聞いた話では、留学先の選定は「国際政治の現場を見たい」とのハンソル本人のたっての希望からだったという。

ユーゴスラヴィア内戦に伴って1992年3月から本格化したボスニア内戦は、セルビア人・クロアチア人・ムスリム人の3民族の対立が原因だった。「民族浄化」と称して互いに他民族の排除を実力で行い、多くの犠牲者が出た。

内戦は1995年に一応終結し、ボスニア・ヘルツェゴビナはボスニア・ヘルツェゴビナ連邦とセルビア人共和国（スルプスカ共和国）の2国家連合体として存続している。

ボスニア・ヘルツェゴビナの国際学校ユナイテッド・ワールド・カレッジ（UWC）モスタル分校に入学したハンソルは、時々メディアに追いかけられたものの、比較的静かに過ごしていた。ボスニアの学校を卒業した後は、2013年にフランスの名門パリ政治学院で学んだ。この年の暮れ、金正男を支援してきた張成沢《チャンソンテク》・労働党行政部長が、「国家転覆陰謀罪」というおどろおどろしい罪状で死刑にされており、金正男一族にも何か異変が起きるのではないかと懸念が高まった。

ハンソルの友人らによれば、パリで学んだ後は英国の大学院に進学する予定だったが、断念したという。これには、叔父の粛清が影響したにちがいない。

彼は2012年10月、フィンランドの公共放送YLEテレビとの単独インタビューに応じ、流暢な英語を使ってこう語った。

「自分は1995年に北朝鮮の平壌で生まれた後、数年間そこで暮らし、マカオに移ってからも、何度か平壌を訪問した。（北朝鮮では）母側の家で過ごしたので、祖父（金正日）が北朝鮮の最高指導者ということも後になって知った」

そして「父（金正男）は政治に関心がなかった。これは祖父と叔父の間の問題であり、2人とも会ったことがないので叔父（金正恩）がどのように独裁者（dictator）になったのか分からない」と、表情も変えずに話した。

また「マカオの国際学校時代に韓国の友人と言語および文化が同じということを知った。統一して南北が自由に交流することを望む」と期待を込めていた。

白頭の血統を継ぐハンソル

これらの思い切った発言を、金正恩が知らないはずがない。若いとはいえハンソルは、祖父、金日成《キムイルソン》につながる「白頭《ベクトゥ》の血統」を受け継いでいる人間だ。父の毒殺の後、ハンソルの身の安全についても懸念が高まったのも当然だろう。

そんな折りも折り、ハンソルを名乗る男性の動画が2017年3月7日付でYouTubeに公開され、世界的な注目を集めた。韓国の情報機関、国家情報院は、動画に写った男性は、顔の特徴などからハンソル本人だと判断した。

このビデオの中でハンソルは、やや沈んだ表情ながらも、「殺されたのは自分の父だ」と淡々と語り、自分のパスポートを開いて見せ（ただし画面では黒いマスクがかけられていた）、自分が金ハンソルだと名乗っている。父親の殺害を指令したとされる正恩に対しては、何も語っていなかった。

意を決してビデオを公開したのだから、北朝鮮の現状を批判するなど、何らかの行動に出てくるのではないかと思われたが、足取りはそれ以後、ぷっつりと消えてしまった。

実は私も、自分なりの人脈をたどって彼の消息を追いかけてきた。同じ関心を持っている米国や韓国のジャーナリストや、脱北者らとも情報交換をしているが、手がかりはつかめていない。

サイトの住所はサンフランシスコだが

あらためて3月7日にYouTubeで公開された動画を、慎重に見直してみた。まず目を引くのは、画面右上にあるマークだ。「千里馬《チョンリマ》民間防衛」(Cheollima Civil Defense)と書かれている。これがハンソルを救った団体の名前だ。この団体は、別にサイトも持っている。

「千里馬」は、一日に1000里(約4000キロ)を駆けるという伝説上の馬で、北朝鮮では力強い社会主義建設の象徴として、ニュース番組の冒頭などで映し出される。平壌市内には、この馬をかたどったモニュメントもある。

韓国の有力紙、中央日報は、千里馬民間防衛ウェブサイトが持つIPアドレスを追跡し、その結果を紙面で公表した。IPアドレスとはネット上の住所録のようなものだ。

それによるとウェブサイトは米カリフォルニア州サンフランシスコにあることが確認された。しかし、この場所にあるウェブホスティング(サイトやメールなどのサービスを提供する)業者を使っているだけだった。さらに別の業者のサービスも経由しており、実際の活動拠点はたどれなかったという。

ただ、これらの業者は、主に東アジアでサービスを提供しているため、千里馬民間防衛は「中国など東アジア地域を中心に活動する可能性が高いという分析も出ている」と同紙は書いていた。サイトが作成されたのは3月4日。正男暗殺事件後、急きょ設立されたようだ。

YouTubeで公開されたハンソルのビデオ（提供：YouTube／ YONHAP NEWS／アフロ）

それでは「民間防衛」とは、どういう意味なのだろう。普通、反北朝鮮団体は、「自由」とか「解放」「反独裁」などのスローガンを組織名に使っているが、そういう単語は使用していない。

「民間防衛」に込められた意味

「民間防衛」という名前は、スイスと関連があるかもしれない。永世中立国で知られるスイスは、国民に対して、まさに『民間防衛』（邦訳は原書房より刊行）という小冊子を配布していることで知られる。外敵から国を守る心構えが書いてある。その小冊子の最後に、戦争に負けて自国が占領された場合の抵抗方法について紹介している。

この部分が、現在の北朝鮮の状況と照らし合わせると、極めて興味深いのだ。

例えば、「占領軍は、あらゆる方策を尽くして、占領地における抵抗運動を抑圧しようとし、国外追放、恐怖政治、食糧供給の停止、集団的処刑、罪もない人々の虐殺などの手段を用いる」と指摘する。

北朝鮮のイメージと、見事に一致する。

そして、この小冊子は、「よく統率され、効率的な訓練を受けていれば、比較的少数のグループでも、敵の大軍に打撃を与えることができる」「これから何週間、いや、何カ月、何年先になっても、じっと、こぶしを握りしめ、怒りを心の中で噛みしめなければならない」と、粘り強い抵抗運動を呼びかけている。自由な社会を取り戻すため、今は力をためる時期だと言いたいのかもしれない。この名前を団体名に使うことで、超閉鎖国家である北朝鮮の崩壊を実現する、と宣言したかったのだろうか。

もうひとつの手がかりがある。

団体名の千里馬の英語の綴り、Cheollimaだ。同じ朝鮮半島でも南と北では、ハングルの単語を英語表記する場合、微妙な違いがある。北朝鮮の公的メディアである朝鮮中央通信が千里馬について報じる時の表記は、「Chollima」で、「Cheollima」は韓国系の英語綴りだ。韓国に住む脱北者や、その関係者が関与している可能性がある。

協力者のオランダ大使は口つぐむ

また、「千里馬民間防衛」の公式サイトには、オランダ、中国、米国、それ以外の１国による「人道的支援に感謝」すると表明していた。これに加えて、オランダのエンブレフツ駐韓大使については唯一個人名を出して、感謝を表明している。

エンブレフツ大使は15年にソウルに着任した。１９９３年から97年には大使館の経済部部長としてソウルで勤務したことがあり、ソウルでの勤務は２回目となる。妻は韓国人であり、オランダ切っての朝鮮半島通である。大使本人も「韓国語がかなり上手い」（韓国人記者）とされる。

オランダは北朝鮮とも外交があり、駐韓大使が北朝鮮大使も兼務している。エンブレフツは正男が殺害されたマレーシアの大使も２００５年から09年にかけて務めていた。

オランダの現政権は北朝鮮問題に関心が高い。昨年９月にはルッテ首相が訪韓し、朴槿恵《パククネ》大統領（当時）と首脳会談を行った。この場でルッテ首相は、「ＥＵレベルでも北朝鮮の核・ミサイル挑発や人権侵害に対し、糾弾し、圧力を加えていかなければならない」と自分の考えを披瀝《ひれき》している。

ハンソルのビデオ発表を受けて、「なにか知っているのではないか」と、メディアからの取材要請が殺到した。３月９日にマイクの前に立ったエンブレフツ大使は、「何も言いたくない」と素っ気なく答えただけで、その後もいっさい取材を受け付けていない。

逆に言えば、やはりハンソルの安全に、何らかの関与、サポートをしたと見るしかないだろう。

ではハンソルはオランダにいるのだろうか。

結論から書けば、その可能性は低い。ヨーロッパには確かに1000人以上の脱北者が定住しているが、今後の活動をするにあたって、決して便利な場所ではない。北朝鮮の工作員も多く、危険がある。約3万人の脱北者が住み、北朝鮮への関心も高い韓国で、韓国人となって活動するのが理想だ。

ハンソルは、ビデオの中で自分のパスポートを見せていた。今回の事件のため、北朝鮮のパスポートは使いにくくなるはずだ。使った途端に北朝鮮当局に居場所を把握される可能性があるためだ。

韓国でハンソルは厄介もの

それでは、ハンソルは在韓オランダ大使の協力で韓国に亡命したのか。

これは考えられない。韓国は左派、文在寅《ムンジェイン》政権が発足しており、北朝鮮とは基本的に対話を進めたい。そこに、反体制派であるハンソルの亡命を受け入れるのは難しい。南北間の対立の火種になってしまうからで、むしろ厄介もの扱いされるはずだ。

とすると、ハンソルの滞在先としては、米国か中国が残る。実際、彼の行方を追っている多くのジャーナリストは、この二つの国を重視している。

米国は、毎年脱北者をごく少数受け入れている。米国の利益につながる重大な証言をしてくれた人に対しては、生活の安全と安定を保障する「証人保護プログラム」というものがある。

このプログラムの該当者は、住所の特定されない場所に住み、生活費や報酬などは全額が連邦政府から支給される。報復を避けるため、整形手術を受け、偽名を使い、パスポートや運転免許証、果ては社会保障番号まで全く新しいものが交付され、完全な別人になる。

実際に、金正恩の叔母、高英淑《コヨンスク》は米国に亡命したさい、このプログラムが適用され、偽名を使って米情報当局の保護を受けながらニューヨーク郊外で生活している。米情報当局は、高への聴き取り調査を通して、北朝鮮の金ファミリーの情報、特に北朝鮮の海外資産の概要を把握したとされる。

ただ、米国の管理下に入れば、身の安全は図れるものの、将来、金正恩政権を打倒する運動はできなくなる。完全な隠遁生活を強いられるためだ。

中国潜伏の可能性が高い

それでは中国はどうだろう。北朝鮮にルーツを持ち、朝鮮語を話す少数民族の朝鮮族が200万人住むため、身を隠しやすい。これが最大のメリットだろう。

正男も長く北京とマカオで暮らし、中国当局の保護を受けてきた。中国滞在中は、基本的には公安警察とともに動いていた。北朝鮮になにかあれば、金ファミリーの血を受け継ぐ「白頭の血統」として、北朝鮮に送り込まれる計画だった。

それでも、過去に北京で暗殺されかかったことがあると伝えられている。中国には北朝鮮の人間が数多く働いている。その中に工作員を潜ませて、暗殺を謀ったのだ。正男自身、公安からの保護をいやがって一人で歩き回ることが多かった。

しかし、ハンソルは、北朝鮮の体制に異変が起きた時に備える大切な「外交カード」である。体制が混乱したさいに、ハンソルを活用して、国の動揺を抑えることができるかもしれない。中国は、北朝鮮を刺激しないようハンソルの存在は秘密にしながらも、大事にするに違いない。

もう一つ関与が噂されているのが、全米民主主義基金（National Endowment for Democracy 略称NED「民主主義のための全国基金」）だ。ここからハンソル保護の資金が出ているという見方もある。

この基金は、レーガン政権時代の1983年に「他国の民主化を支援する」名目で、公式には「民間非営利」として設立された基金だ。実際の出資者はアメリカ議会である。

NEDは多くの場合、他国の野党の候補に間接的に資金提供をしてきた。例えば2004年、南米ベネズエラの大統領で、米国と対立したウゴ・チャベスは、NEDが起きたクーデター計画のため、2002年に同国で反政府組織に資金提供していたことを示す文書を公表している。ハンソルを含めたグループに、資金援助を行い、北朝鮮の民主化を後押ししている可能性は十分ある。

独裁は強まるが、もろさも

ますます強固になっているように見える金正恩の独裁体制。実は強固になればなるほど、体制としてはもろくなるのが常だ。

韓国の情報機関、国家情報院は北朝鮮に関する情報では世界でもっとも強力といえる。その国家情報院が、金正男殺害事件に関連して「金正男が自分の統治に脅威になるという計算的行動というよりも、金正恩の偏執狂的性格が反映されたものと思われる」と分析した。これは事件直後の2月15日、韓国の国会情報委員会に所属する与野党の議員に対して李炳浩《イビョンホ》国家情報院長が報告した内容だ。発言の具体的な根拠は示さなかった。

国家情報院が、金正恩の性格や生活ぶりについて分析を明らかにするのは、これが初めてではなかった。2016年7月には、国会情報委全体会議でも報告している。

この委員会に出席した議員によれば、国家情報院は、「金正恩が2012年初めて登場した時は体重が90キロだったのに、2014年には120キロ、最近では130キロと推定される」と語った。そして「不眠症にかかって寝られないようだ」とも説明した。

この理由について国家情報院は「(金正恩は自分の)身辺に危険が多いとして悩んでおり、また暴飲、暴食を繰り返していて成人病が起きる可能性もある」と明らかにした。

2017年6月15日、国家情報院は新たな報告を国会で行った。

金正恩は、米韓両国が計画している「斬首作戦」と呼ばれる暗殺計画を警戒し、移動時には自分の専用車のベンツに乗らず、党幹部らに贈った多数あるトヨタ・レクサスに乗っているという内容だった。公開活動も17年前半は、前年同期と比べ約3割減っている。自分の露出を減らし、カリスマ性を高める狙いもあるが、斬首作戦を怖がっている面もあるようだ。

冒頭紹介した北朝鮮の亡命政府は今、停滞している。それは、金正男の殺害の引き金になったとの批判が出たためだ。金主日らも、まさかこんな事態になるとは予想していなかったに違いない。4月下旬にベルギーの首都ブリュッセルで、世界各国から脱北者があつまって今後の方針を話し合ったが、「当面、亡命政府づくりは中断する」ことで一致したという。

ただし、万が一亡命政府ができた時でも、ハンソルを代表にすることには反対が多かった。というのは、ハンソルは子供時代から北朝鮮の外で生活し、北朝鮮の内情をほとんど知らないためだ。

ハンソルへの期待と不安

「白頭の血統であり、エリートなのは否定しない。しかし彼はリーダーとしては若く、経験不足であり、強制収容所などで厳しい体験をした人のほうがふさわしい」（会議参加者の一人）という意見だったという。しかし、なにか北朝鮮が混乱する事態になった場合には、やはり、金正日の孫に当たるハンソルが重要な役割を果たすとの意見もある。

ハンソルへの期待はさまざまだが、彼を救出した民間団体、千里馬民間防衛は、今も活動を続けている。5月の韓国大統領選では、各党の候補に、脱北者政策について公開質問状を発表した。

さらに同団体のウェブサイトによると、最近東南アジアで7人の脱北者を救出したという。1度に7人を助け、支援できる人力と財力を持っているようだ。

疑心暗鬼の固まりとなった金正恩は、ハンソルの行方を躍起になって探しているだろう。彼が、またYouTubeを通じてビデオを世界に流し、自分の存在をアピールするのはいつになるのだろうか。

五味洋治（ごみ・ようじ）

1958年長野県茅野市生まれ。1982年、早稲田大学第一文学部卒業。83年に中日新聞社東京本社に入社し、97年大韓民国の延世大学校に語学留学。ソウル支局、中国総局勤務を経て、現在、東京新聞編集委員。2012年1月に金正男の告白本『父・金正日と私』を出版。同作で、第44回大宅壮一ノンフィクション賞候補となる。17年2月には『生前退位をめぐる安倍首相の策謀』（宝島社）を出版。

飢餓や拷問、暴力、強制労働でほとんどの収容者が死に至る

北朝鮮政治犯収容所 金体制を支える恐怖のシステム

厳格な密告体制で民衆を恐怖に陥れ、分断・支配する政府

三浦小太郎 評論家

１９６０年生まれの私が、北朝鮮問題に対し本格的に興味を持ち始めたのは、90年代半ばのことである。その時点で「北朝鮮は崩壊する」という趣旨の書物や論考は、既にいくつも出版されていた。いや、私自身、90年代、金日成《キムイルソン》死後に百万人単位の餓死者を出す飢餓状態が北朝鮮に広がり、中朝国境を越えて脱北者が出現した時点で、この体制は長くはもたないと考えていた。しかし、現実には、北朝鮮の金一族独裁体制は現在も、少なくとも崩壊してはいない。そして、私自身、２０００年代初頭からは、この体制は内部からの民衆蜂起、例えば80年代のソ連・東欧の民主化、また近年のアラブの春のような事態は絶対に起こりえないと考えるようになった。これは、私自身が脱北者たちと接し、彼らの口から北朝鮮体制の恐怖支配の実態を聴き、その上でも

う一度この体制について学び直した結論である。

北朝鮮の金独裁体制はなぜ崩壊しないのか。それには様々な理由があるが、何よりも決定的なのは以下の2点である。北朝鮮民衆への監視体制、それも完全な相互監視体制（民衆同士が監視しあい、密告しあう体制）が完成したことであり、もうひとつは、政治犯収容所の存在である。この2点は北朝鮮民衆の精神を恐怖で麻痺させている状態にあり、民衆の相互連帯による反体制運動どころか、その発想すらも起こりようがない。北朝鮮民衆が現体制に不満を一切持っていないわけではない。いや、それどころか、ほとんどの民衆は（上層階級も含め）現在の金正恩《キムジョンウン》体制に強い不満を持っているはずだ。しかし、不満と「抵抗」の間には無限の距離がある。民衆の抵抗への意識を阻んでいるのが、政府に対し不満を示せば、自分のみならず、一家揃って連座制で送り込まれるのではないかという恐怖にさらされている政治犯収容所の存在である。

政治犯収容所はいかに成立したか

北朝鮮政府は現在に至るまで、「我が国に政治犯収容所があります」などと明言しているわけではない。しかし、建国以来の様々な金日成演説、その他の郎党等の言説の中に、収容所の存在はありありと逆照射されてくる。

最初に確認しておかなければならないのは、北朝鮮はたとえばかつての朴正熙政権のような軍事政権や強権体制とは全く異なる体制である。北朝鮮はスターリンが傀儡政権として金日成をソ連領土から持ち込んで以後、スターリン型全体主義体制そのもののコピーとして生まれ、政治犯収容所、秘密警察、絶え間ない粛清劇という構図をそのまま現在まで国家の本質として引き継いでおり、今後も崩壊するまで基本的にこの体制は変わらない。

この体制の特徴は、体制外・体制内に常に敵を必要とし、それとの永遠の闘争こそが体制維持の要となることである。同時に「国内の敵」の摘発のために、国民間に相互密告体制を敷き、人間間の信頼や連帯を破壊しつつ、すべての共同体を解体し、個々人を金一族という独裁体制を崇拝し信仰する、カルト宗教がそのまま国家になったような体制である。

1961年9月に行われた、朝鮮労働党大会における金日成の報告演説には、北朝鮮の目指す体制のあり方、つまり全体主義体制の姿が典型的な形で表れている。

「党の思想に反する一切の不純な思想は、結局ブルジョア思想の様々な現れであり（中略）帝国主義が存続し、階級闘争が続く限り、我々は常に、ブルジョア思想の党内への侵入に対し、高度の警戒心を堅持し、党の統一を破壊しようとする些細な現象でも、それに対し妥協のない戦いを繰り広げねばならない。」

「すべての党組織が、党中央委員会と同じように考え、同じように行動して、どんな困難な環境のもとでも、党中央委員会と運命を共にして最後まで闘うようにすべきである。（中略）我々は、常に、中央委員会を中心とする全党の統一を自分のひとみのように守り通し、前人民大衆を党の周りに一枚岩の様に団結させ、党と大衆が一丸となり、旺盛な革命的気勢をもって前進して、絶えず新たな勝利を勝ち取らねばならない。」

ここで強調されているのは、労働党（要するに金日成の意志）に反する思想や行為はすべて「ブルジョア的」なものであり、それはどのような現れ方をした場合でも絶滅すべき対象とみなされている。このような発言の背景には、朝鮮戦争後、ソ連派、中国派、また南労党と呼ばれる韓国内共産主義勢力を次々と排除、粛清していった事実がある。そして、この体制下では、「政治的無関心」「無党派」であることは一般民衆においても許されてはならないのだ。それが「党と大衆が一丸」となるということの意味である。これに従わない（と、金日成体制がみなした）対象は、直ちに敵として社会の外に隔離され、「政治教育」によって「党と一体」になれる可能性があるとみなされたものは「革命化区域」に送られ、既にその見込みはないと判断されたものは「絶滅」の対象となる。

「敵」を作り出し収容所へ送り込む金体制

北朝鮮が「ブルジョア階層」とみなした地主、富裕層、そして朝鮮戦争当時韓国軍に協力した人物、また、家族が韓国に逃れた「越南者」などの敵対階層を収容するための、龍坪《ヨンピョン》収容所、別名「龍坪完全統制区域」が作られたのはこの時期だと思われる。

これが「絶滅収容所」であり、同地域は完全に外部と遮断され、二度と出ることはできず、ただ死ぬまで強制労働を課せられる場所となった。しかし、完全統制区域であれ革命化区域であれ、このような政治犯収容所は、乏しい食事、劣悪な環境、相次ぐ暴力、拷問、強制労働のため、ほとんどの収容者は死に至る。

67年5月の金日成の演説が、事実上この体制の完成を意味している。

「我が国の北半分（北朝鮮のこと）では、既に搾取階級とすべての搾取制度が清算され、新しい社会主義制度が確立されており、この基準の上で労農同盟は一層強化され、全人民の政治的・思想的統一が実現されました。（中略）もちろんこれは、我々の内部に敵対的な要素がないとか、階級闘争がないという意味ではありません。社会主義の中でも階級闘争は、何よりもまず外部からもぐりこむ敵対分子や、覆された搾取階級の残存分子の破壊活動に反対し、ブルジョア的、封建的な反動思想の流入に反対するたたかいとして表れます。（中略）さらに、社会主義体制下では勤労者の意識の中に古い思想の残りかすが存在し、これに反対するたたかいもまた、労働者階級の思想とブルジョア思想のたたかいという意味で階級闘争の一つのあらわれであります。」（金日成「資本主義から社会主義への過渡期とプロレタリア独裁の問題について」）

この時期、中国は文化大革命のまっただなかにあり、中ソ対立は激化の一途をたどっていた。同時に、日本と韓国は１９６５年で国交を回復し、北朝鮮はこの情勢下、中国派、ソ連派のいずれにもつかずに「主体性」を守る、つまり文革の影響からもソ連によって反中国陣営に組み込まれることからも逃れる瀬戸際外交を行おうとしていた。この時点で、ソ連・中国両派は「国家の敵対分子」として抹殺され、金日成は政治的敵対勢力を消滅させる。

しかし、この体制は、「敵対勢力」無くしては維持できない体制であるため、今度は国内に新たな「敵」を作り出さなければならない。さらなる密告体制、「国内の敵」の追及であり、これ以後は、北朝鮮帰国事業で日本から渡っていった「帰国者」がその対象となる。日韓条約締結がそのひとつのきっかけとなった可能性はあり、「日本のスパイ」として逮捕され収容所に送られた帰国者、そして朝鮮人と結婚して海を渡った日本人妻もまた多く収容所に送り込まれていった。その中で、奇跡的に脱北し、収容所のありさまを証言したのが、『北朝鮮脱出』『平壌の水槽』の著者であり、今も韓国で収容所問題や北朝鮮の人権問題を訴え続けている姜哲煥《カンチョルファン》である。

『北朝鮮脱出』に描かれた政治犯収容所の実像

いまだに、この政治犯収容所の実態を最もリアルに描き出しているのは、姜哲煥、そして同じ収容所に入れられていた安赫《アンヒョク》の証言記録『北朝鮮脱出（上）地獄の政治犯収容所』（文藝春秋）である。本書は赤裸々に収容所の恐怖を描き出しているだけではなく、むしろ文学的な香りさえ漂わせ、そこで生きぬこうとし、また殺されていった人々の姿を描き出した貴重な人間ドキュメントでもある。

姜哲煥の祖父、祖母は朝鮮総連の有力者であり、帰国事業で日本から一家が北朝鮮に渡った。姜哲煥は1968年平壌で生まれ、最初は何不自由ない生活を送っていたが、9歳の時、祖父が北朝鮮当局におそらくスパイ容疑でとらわれる。その後、祖母・父・妹・叔父とともに咸鏡南道《ハンギョンナムド》耀徳郡《ヨドック》にある第15号管理所に収容された。そこでの10年間の日々をつづったのが本書である。

ここで特徴的なのは、逮捕される際、一家には、自分たちの「犯罪」がほとんど明らかにされないことだ。突然家に押し入ってきた保衛部（北朝鮮における政治警察）は、祖母に「お前の夫は、朝鮮民主主義人民共和国に対しぬぐい去ることのできない罪を犯した。いまからお前たちの全財産を没収する。ここにいる家族全員を押送《おうそう》する」と告げるだけである。もちろん抗議する権利もなければ弁護士を呼ぶこともできず、また、何の罪かを尋ねても明確な返事は帰ってこない。これは「政治犯」という概念が全く恣意的なものとなり、いつ、誰が、どんな理由で「国家に対し罪を犯した罪人」とみなされるか誰にも予測できない体制が完成した証明なのだ。いつ誰が自分を密告し、また、自分のどんな行為や発言が、どこで監視されているかわからないという体制下、すべての民衆は（実は高級幹部に至るまで）恐怖で精神を支配されることになる。北朝鮮を「テロ国家」とみなすべきなのは、単に拉致犯罪や大韓航空機爆破事件などの国際テロを行ってきたからではない。「テロ」の語源は、ラテン語の「テラー」（恐怖）であり、国内を恐怖で支配しているからこそなのだ。

なお、私が日本で接した脱北者の中には、政治犯収容所体験者はいないが、刑務所に入れられた者には少数ながら出会うこともあった。ある女性は、3人息子のうちひとりを失っているが、それは息子が商売に成功してテレビを購入した際、偶然、韓国の番組が映ってしまったことがきっかけだった。そのことが密告の対象となり（しかも断定はできないが、密告者は妻の親戚だった可能性も否定できないという）逮捕され、刑務所の中で死んでいる。そして、多くの脱北者は収容所に家族もろとも送り込まれることを「山送り」という言葉であらわすことが多かった（もちろん、これは都市から追放されて北朝鮮の貧しい地方に送り込まれるときにも使われる言葉でもあるが、全く気が付かぬうちに隣家全員が姿を消してしまう恐怖を表している）。

姜哲煥たちが送り込まれた「収容所」は、ナチスのアウシュヴィッツのような、隔離された施設ではない。そこは人里から離れた山間の地域であり、広大な土地に彼らは住まわされる。姜の著書には、囚人が住む「家」と、日々の食事、労働についてはこのように記されている。

「家は小さな部屋が二間と台所が一間（中略）軽石の混ざった土と石灰を混ぜて作ったレンガの土塀に、臨時の屋根をかぶせたような家であった。部屋の床と壁はすべて土でできており、人が動くと、ふわっと土ぼこりが立った。板で作った天井は全部朽ちて、崩れ落ちそうだった。２つの部屋の間にくもった電球がひとつぶら下がっていた。台所には、筒で作ったかまどがあり、それがすべてだった」（『北朝鮮脱出』上巻より）

この住環境で、暖をとるためには薪を取りに行くしかない。着ているものもすぐに擦り切れ、冬はマイナス20度を超える中凍えて暮らさなければならないのだ。

そして、子供も含めて5時半に起床し、一日中、重労働を課せられるというのに、配給される食糧はごくわずかなものである。トウモロコシを細かく砕いたものが一日約３５０グラム配給されるのだが、これは日本で想像するようなものとは異なり、家畜や鳥に与えるような堅いトウモロコシで、消火しにくく、多くは激しい下痢に襲われる。姜は、収容所の人間が多くかかる病気として「ペラグラと肺結核、胃腸病、痔疾、肝炎、凍傷、そして精神病」を挙げている。「ペラグラ」とは、栄養失調による皮膚病で、皮膚が疥癬《かいせん》状となり、さらには消化管全体にも障害が起き、最後には精神疾患（錯乱、見当識の喪失、幻覚、健忘）などが起こり、最悪の場合死に至る。この病気はトウモロコシ中心の地域で起きやすいのだが、この収容所では中心どころか、配給はそれだけなのだ。姜哲煥は、精神に異常をきたした囚人が「17号」という隔離施設に収容され、それでも労働を課せられていたさまを記している。彼らが発作を起こしたり仕事を拒否したりすれば、情け容赦なく銃剣で殴りつけられていた。結核や肝炎になった場合も「病院」に収容されてもそれは単に伝染を防ぐためのものにすぎず、治療が行われることもない。患者はそのまま死んでゆくばかりである。そして、規則を守らなかったり、看守に逆らったとみなされたものは「拘留所」に入れられるが、そこでは次のような虐待が加えられる。

「いったんこの拘留所に入れられた人たちは、朝の5時に起こされてから夜の12時まで、ぶっ通しで膝まづいていなければならない。膝を伸ばすことができる時間は、食事の時間と用便のときだけである。万一看守の許可なくして膝を伸ばしたり、自由に体を動かしたりして見つかった場合は、容赦なくこん棒の洗礼を受けることになる。」（同）こうして長時間麻痺させられた脚は、仮に外に出ても自力で動かせず、多くは担架で運び出される。

囚人たちの労働で成り立つ北朝鮮経済

囚人たちは朝5時半から夜まで、厳しい重労働を課せられるが、この政治犯収容所では、農作物をはじめ、おそらく外の世界よりも豊かな生産をもたらしていることを忘れてはならない。この地域は、完全な無償、かつ強制労働である。そこでは看守の命令は絶対で、命じられるがままに作業は続く。囚人が死ねば、その死体は残酷なことだが、墓も作られず土に返され、ひどい言葉ではあるが「肥料」となる（刑務所を含め多くの囚人が、その場では作物がよく実ったことを語っている）。

かつて、ソ連がスターリン時代、計画経済の成功を謳っていたとき、それは単に誇張された数字だけではなく、運河建設などの重労働を、政治犯による強制労働によって行い、成果が出るまでは彼らが何人斃《たお》れようとも作業を続けさせた一面もあった。これは収容所で警備兵の立場だった安明哲《アンミョンチョル》（『北朝鮮絶望収容所』ワニ文庫、著者）も語っていることであるが、収容所における強制労働は、実は北朝鮮の生産過程に大きく寄与し、「経済的理由」からも北朝鮮はこのシステムを放棄するはずがない。

さらに重要なのは、現在の北朝鮮の核開発が、政治犯収容所囚人の犠牲の上に行われている可能性が高いことである。２００９年、北朝鮮は地下核実験を行っているが、日米間の専門家は、その場所を吉州郡の萬塔山《マンタブサン》と確定した。そして、この萬塔山と気雄峰《キウンボン》という山を境として、同地に化城《ファソン》政治犯収容所が存在し、ここもまた完全統制区域である。この化城収容所の北側には鏡城《キョンソン》収容所が隣接していたが、この収容所は89年に解体された。安明哲はこの鏡城・会寧《フェリョン》収容所で警備兵として勤務していたが、彼は「鏡城、化城、会寧の三つの収容所で約10年前から多数の政治犯が『大建設』の名の下に萬塔山にトンネルを掘りに行った」と証言している。

安は、この政治犯は誰ひとり生きて帰っては来なかったが、今になって思えばあれは地下核実験場の建設工事だったのではないかと語っている。地下核実験のための大規模なトンネル工事を、数万人の民間人や軍人を動員すれば、核実験の準備やその場所は噂で漏れ伝わり、脱北者などを通じて国外にも伝わるかもしれない。しかし、政治犯を動員すればこのトンネル工事の秘密は保持できる。さらに、トンネルの入り口を政治犯収容所の方に開けておけば、もし事故が起きてもその放射線被害は政治犯収容所にまず送られるので、民間への影響は抑えられる。北朝鮮の核開発は、この化城政治犯収容所と密接な関係がある可能性があるのだ。

収容所同様の過酷な「教化所」

そして、収容所の存在によって、逆に見えにくくなっている存在が、北朝鮮における刑務所というべき「教化所」の存在である。これについては、脱北者救援のために活動している日本のNGO、北朝鮮難民救援基金ホームページ「犯罪現場　北朝鮮教化所」に記されている。政治犯収容所の場合、当初から長期拘留（多くの場合は生涯）なので、ここでの生産を上げるためにも、囚人は一定の職能を身につけることになる。しかし、一般教化所は形式的であれ裁判を受け、何年間かの懲役囚として、単純労働者として、農作業、伐採、採鉱などに就くが、逆に短期間の使い捨て労働として、収容所以上ともいうべき過酷な労働を課せられることになる。基金ホームページではその有様をこう記している。

「作業量に比べて配給される食事量は非常に不足し、大部分が栄養失調状態に置かれている。普通12時間以上の強制労働に苦しめられた後、疲労した体をやっと支えながら別途に無意味な学習に何時間も苦しめられる。決まった作業量を達成できなければ食事量を減らすとか、寝させないとかの処罰を受ける。」

「普通一食300gだが独房処罰者には30g未満の食事が提供される。（中略）教化所に入所した時の体重72kgが出所当時45kgだった」とか、「54kgの体重が24kgに減った」などの証言はよく聞く内容である。「私たちは40人が一緒に入所したが3年後に出所したときの生存者は5人もいなかった」とか「監房50人の囚人中29人が死亡した」などの証言を色々な証人からよく聞く。全巨里《チョンゴリ》教化所服役中、全面的に死体処理業務を引き受けたある収監者は「1998年6月30日から1999年1月19日までの6ヶ月19日の間に火葬後に埋めた死体の数は正確に859体であり、これは一日平均4・5人の収監者が死亡したことを示す」と証言している。北朝鮮の教化所は一言で殺人施設だと言っても過言ではないほど死亡者数が多い。

具体的な実例がこのホームページ資料にはいくつもあげられているが、ここでは、私がこの日本で直接脱北者から聴いた話を紹介しておく。

その脱北者は女性だったが、帰国者で少女のころ北朝鮮に渡り、同地で故郷からの仕送りなどを活用して一定の商売にも多少なりとも成功した。しかし、初老のころ、現地での北朝鮮役人との金銭トラブルがあり、逮捕されて教化所に送られる。詐欺罪など様々な罪状を宣告され、本人は断固認めなかったが、結局、数年間の刑が下された。

女囚たちは、ひたすら飢餓と、そしてそれ以上に辛い屈辱に耐えなければならなかったと彼女は言う。まず、僅かな食料ではめまいがするほどの空腹に耐えきれなかったが、農作業などに行くとき、作物をこっそり食べたりすれば見つかればひどい目に遭うので、道すがら、食べられそうな草があれば素早く摘みとった。食事のことを考えれば考えるほど、かえって飢えに耐えきれず死期が近づくように思い、できるだけ考えず、口に唾液がわいてきても飲み込まぬよう注意したという。少しでも食べられるものならば何でも口にした、というのは、おそらく虫でも食べたという意味ではないかと思う。同時に衛生状態はひどく、床も壁もボロボロで、虱《しらみ》、南京虫に襲われる。用便を足すときも惨めな思いをしたと語っているが、先の資料によれば、排せつ物を水で流すこともできず、つまりを流すためには棒、また最後には用便のたびに手で便を落とさねばならないという。

しかし、そのようなことよりもこの女性がつらかったのは、様々な侮辱を、若い看守から受けたことだと語った。それについて私は詳細を聞いたわけではないが、本人が屈辱的な思い出として語ったのは、看守から、いやらしい手つきで、お前は性行為がしたいんだろう、としばしば侮辱されたという。これに逆らったり抗議したりすれば勿論暴力が待っているし、彼女は初老であったが、若い女性であれば、事実上まさに「性奴隷」となった例もあるに違いない。そして、ついに囚人の中で脱走を試みた女性がいたが、彼女は捕まって銃殺され、その遺体の周りを、自分を含め女囚たちは回らされ、このような行為に及べばどうなるかを脅された。

彼女は、実は一時、日本に住んだが、今はおそらく、第三国で暮らす息子とともに日本を離れている。彼女は脱北者の中でも論理的に話すことのできるひとりだったが、正直、他者をほとんど信じず、自らの本音も隠して生きていこうとする傾向が強かった。その理由のひとつは、人間の残酷さと惨めさをこの時期に心底経験したことが大きかったに違いない。教化所で、男の囚人は、極めて原始的な機械で伐採に駆り出され、その過程の事故で死傷者は数限りなく出ていることはほぼ確実である。

政治犯収容所、そしてこのような教化所における残酷なシステムは、囚人だけでなく北朝鮮一般住民を間接的に支配する。いつ自分がそこに収容されるかもしれないという恐怖に支配された民衆は、たとえ外の社会にいても常に精神を収容所体制に支配され続けているのだ。この意味で、北朝鮮は「収容所国家」に他ならない。

今、北朝鮮をめぐる様々な「危機」が語られる。しかし重要なことは、１９５３年の朝鮮戦争休戦以来、現在に至るまで、いくつかの衝突を除けば休戦条約が守られ、周辺諸国が「平和」なうちに、収容所をはじめとする北朝鮮国内では、恐怖体制下、多くの人々が殺されていったという事実である。北朝鮮国内は一度も「平和」だったことはない。北朝鮮政府は自国民に対し、ずっと「テロリズム」を行使し続けてきたのだ。

人は皆戦争がもたらす悲劇についてはしばしば語り、平和を守らなければならないと主張する。それはそれで正しい。また、核戦争だけは避けねばならないことも誰しも共有する真理である。しかし、同時に私たちが忘れてはならないのは、戦争における死者と同じように、「平和」な時代に、独裁政権が政治犯収容所をはじめとする恐怖政治で、自国民を強制労働下で死ぬまで働かせ、かつ、自国民を核開発のために犠牲にすることに何らためらいを覚えない政権が存在している事実である。このような政権の存続を許してきたこと、それこそが、わが国民が拉致され、かつ、核の脅威にさらされる事態を招いてしまったのである。私たちは今こそ、このような「収容所国家」とは「国交正常化」も、「平和共存」も不可能であることを再認識せねばならない時に来ているのだ。

三浦小太郎（みうら・こたろう）
1960年東京生まれ。北朝鮮をはじめ東アジアの人権問題などに取り組む。現在、アジア自由民主連帯協議会事務局長。著書に『評伝　渡辺京二』（言視舎）『嘘の人権　偽の平和』『収容所での覚醒　民主主義の堕落』（ともに高木書房）

第4章
韓国という災厄

日本が大好きなのに儒教と反日教育で好きとはいえない韓国人の悲劇

――なぜ、韓国は日本をここまで罵倒するのか、その深層に迫る

米カリフォルニア州弁護士
ケント・ギルバート

韓国の反日教育現場に行ってきました

韓国がちょうど「師匠《ススンエ》の日《ナル》」の5月15日に韓国へ行きました。これは先生や師匠に感謝を伝える日で、もとは5月24日でした。それがハングル文字を作り、儒教を国の基本に置いた李氏朝鮮4代目の王、世宗大王の誕生日である5月15日に変更されたのです。

その日、私はソウルの慰安婦像を見て、安重根《アンジュングン》記念館も見学し、鳩山由紀夫元首相が土下座した西大門《ソデムン》刑務所歴史館も訪れました。それらを訪問して、韓国が子供たちに史実と異なる「いい加減な歴史」を教えこんでいる現実を、自分の目で確認しました。

例えば安重根は、日本の初代首相、伊藤博文を暗殺したわけですから、客観的に見ればテロリストです。しかし、安重根記念館では、彼は日本からの独立に大きく貢献したヒーローとされています。歴史的事実は真逆です。韓国（大韓帝国）の併合に反対する伊藤博文が暗殺されたせいで、日韓併合が進んだのです。だから彼は独立に貢献したどころか、併合を推進させた張本人です。ところがいまの韓国では彼はヒーローなのです。

ソウルの慰安婦像のとなりにはテントがあり、24時間体制で慰安婦像を見張る人がいました。韓国挺身隊問題対策協議会（挺対協）の人ですが、常時2人いました。慰安婦像は日本軍が朝鮮女性を強制連行して慰安婦にしたという話に基づくものです。しかしこれは、吉田清治という小説家の作り話を、朝日新聞が意図的もしくは取材不足で歴史的事実として報じたデマです。朝日新聞は誤報を認めました。ところが韓国人は、今さら後に引けないからこの活動を続けています。

西大門刑務所歴史館の展示もすごかった。独立運動家が収監され、死刑にされた様子など、日本が如何にひどいことを韓国人にやったのか生々しく紹介されています。しかし、朝鮮半島で働いていた警察官や刑務官の大半は、現地採用の朝鮮族です。また当時、アジア唯一の先進国である日本の国籍を得て喜んでいた朝鮮族に、どの程度の規模の独立運動があったのか、大いに疑問です。

これらの場所に、バスを何台も連ねて学生が見学に来ていました。こうして韓国は、史実と異なる「いい加減な歴史」を若者に教え込んでいるのです。

日本のいいことは教えない韓国の教育

ソウル広場では、「師匠の日」ということで、学生たちが先生へ向けて書いたメッセージをボードに張っていました。私はガイドの通訳の方に「これはハングル文字ですね。日本が韓国を統治していたときに、広めたんですよね」と話しかけたら、その方は、「それは初耳だ。それは絶対に違う。私たちは、日本が韓国人に漢字を押し付けたと教えられた」と反論しました。

漢字は併合前から朝鮮半島にありましたから、日本語を強制されたといいたかったのでしょうが、実際には、何世紀も埋もれていたハングル文字をひろめたのは、福沢諭吉をはじめとする日本人です。いまの韓国人がハングル文字を使えるのは日本のおかげです。それなのに日本を恨むことばかりを教えて、感謝すべきことは何も教えない。それが韓国の反日教育です。

これらの場所で気になったのは、日本語の表示が少ないことです。英語や中国語はあるし、もちろんハングル文字はありますが、日本語は一部だけです。日本人観光客はくるなという意味か、日本の文字を見るだけで気分が悪くなるということかは知りませんが、特に安重根記念館には日本語表示がありませんでした。

それで、一緒に行った取材班が困っていたので、私が英語を日本語に翻訳して伝えました。日本語を表示すると、史実と違う内容に日本人がクレームをつけてくるから、表示しないほうがいいと思ったのかもしれません。

北朝鮮より日本が怖い韓国人

日米開戦以前、日支事変が激化したころから、中国国民党は、蒋介石の妻で英語が堪能な宋美齢を中心に、「日本人は1000年前から戦争が好きであり、世界制覇を狙っている」というプロパガンダを、アメリカ国内で広めました。日本を悪く言って中国をアメリカに助けてもらう戦略です。これが徐々に効いてきます。

南京大虐殺もそうですが、日本を貶めるデマが世界中に広がったのです。ちなみに韓国人は、日本が再び強い軍隊を持つと、朝鮮半島を征服すると信じています。だから韓国の世論調査を見ると、北朝鮮より日本のほうが怖いと答える韓国人が多いのです。

日本は韓国と戦争をしたことがありませんが、韓国人は日本との独立戦争に勝って独立したと学校で教わります。だから北朝鮮がミサイルや核兵器の実験をしても、北朝鮮より日本のほうが怖いというのです。在日韓国人が一所懸命に「第9条を守れ」と叫ぶのは、日本にタガをはめたいからでしょう。同胞同士で殺し合って数百万人の犠牲者を出した朝鮮戦争の記憶は封印し、北朝鮮とは休戦中に過ぎない事実も無視して、ありもしない対日戦争の話を学校教育で刷り込んで、「日本を恨め」と国民に教えるのです。

それにもかかわらず、日本への韓国の若者の観光客は増えています。2016年の日本への韓国人観光客は509万人で、中国（637万人）に次いで2位でした。それが、2017年では、

5月までの時点で韓国人がトップです。伸び率は38・9パーセントです（以上、JETRO調べ）。

ちなみに、韓国へ行く日本人の観光客数は年間約260万人です。中高年の女性の方には韓流ファンや、若い人にもK－POPファンが多くいますが、それでも日本に来る韓国人の半分に過ぎません。韓国の人口（5120万人）は日本（1億2700万人）の半分以下です。単純に考えれば日本人の4倍以上の割合で、韓国人が日本に来ていることになります。学校では日本は酷いと教わるのですが、多くの韓国人は日本が好きなのです。

キリスト教の世界でも儒教が桎梏《しっこく》に

私の弟は少し前まで釜山《プサン》にいました。3年間住んでいました。その10年前にも2年ほど韓国に住んでいました。韓国語を不自由なく話し、読み書きもできます。

彼は、韓国では儒教的な縦の関係がすごく重視されると話していました。そして、一旦その関係ができたら、二度とひっくり返すことができないと言います。

弟が釜山にいたのは、私も所属する末日生徒イエス・キリスト教会（モルモン教会）の仕事のためです。キリスト教の教えでは、神の下で人間はみんな平等です。しかし、それを韓国にある教会の組織で実践しようにも、まったくうまくいかないそうです。年齢の高い人が一番偉いということにしないと絶対にダメ。優秀な若者を指導者にしても、年寄りはついてこないのです。

韓国の教会で常に問題になるのは日本の存在です。教会は全世界にあるので、いくつかのエリアに分けて管理していますが、韓国は北アジアのエリアに所属します。このエリアには他に、日本やグアム、マリアナ諸島、サイパンなどの教会が所属しています。

北アジアのエリア管理本部は、東京都港区南麻布にあります。ですから事務局のトップは日本人です。韓国にもサービスセンターと呼ばれる事務所がありますが、日本の支店のような位置づけです。ですから韓国人の現地職員の上司は日本人になります。そして日本人の下におかれることを、韓国人は露骨に嫌がります。日本人の下には入りたくないと、いつも喧々囂々《けんけんごうごう》の状態だそうです。

日本のほうが経済的にも社会的にも圧倒的に発展していますが日本人が自分たちより下にいなければ韓国人は許せないのです。韓国人の考える儒教的関係において日本は韓国の下だからです。

一方、韓国（朝鮮）は歴史の長い間、中国の属国だったので、中国が上でも構わないようです。しかし、不思議なことに韓国人は中国人を見下しています。国家としては中国の下でも構わないけれど、中国人は韓国人より文明度が低いと見下しています。同時に中国人も、韓国人を属国の民として見下しているようです。

どちらにしろ、多くの韓国人は、国家としても民族としても、日本は韓国の下でなければならないと本気で考えています。儒教的ヒエラルキーに「対等」の概念は存在せず、上下の順番が入れ替わることもない。だから日本人に対しては、常に上から目線を維持しながら、努力で追いつくことは不可能なので、ヒマさえあれば足を引っ張るのです。

国益のために韓国は嘘をつく、それが世界の常識

韓国は反日教育の拠点を各地に作り、そこに学生を連れて行き、反日メッセージを聞かせたり見せたりして、日本を嫌いになるような洗脳教育をしています。

『さらば、自壊する韓国よ！』（ＷＡＣ　ＢＵＮＫＯ）の著書がある呉善花《おそんふぁ》さんも、そのような教育を受けた一人です。ですから来日するまでは、日本はひどい国なのだと思い込んでいました。しかし日本に来てみたらぜんぜん違った。祖国が自分たちに嘘をついていたことに気がついて、かなり悩んだと話していました。最終的に日本への帰化を選びました。

インターネット上で、もう韓国には戻れないと書き込んだ韓国人女性がいました。どちらが正直で誠実なのかを純粋に見たら、日本が正しく韓国が間違いだとわかった。しかし、戻って本当のことをいえば、韓国では敵になってしまうから何もいえない。そんな状態では、もう韓国には戻れないと。在日韓国人・朝鮮人のコミュニティも「反日」が主流派なので、似たような状況のようです。

中国もそっくりです。四川省出身の石平さんが話していましたが、中国人留学生は日本に来るとみんな日本が好きになる。しかし、中国に戻ると率先して悪口を言わないといけない。一番のアンチ日本にならないと、日本贔屓《びいき》になったのではと疑いの目で見られて、出世できないからです。中国の官僚で外交部長（外務次官級）の王毅《おうき》も日本に住んでいた日本通ですが、中国に戻っ

た後は日本叩きの急先鋒になっています。

日本を厳しく批判し、韓国を擁護する有名な韓国籍の女性大学教授がいます。番組で何度か激論しましたが、楽屋や打ち上げで話すと親日的な人です。しかし、日本のメディアで親日的なことを話せば、韓国社会では肩身が狭い。だからあえて過激に、アンチ日本的なことを言うのでしょう。本来、どこの国でも、国民が海外で国益を考えた発言を行うことは当然です。ちなみに韓国には「嘘も上手につけば稲田千坪にも勝る」ということわざがある。嘘やデマも、それらが国益（私益の場合もありますが）につながると思えば、平気で利用します。

ところが日本人だけは、いつも正直です。そして相手も正直だという前提に立っている。日本人同士であればそれもいいでしょう。しかし相手が外国人のときは通じません。正直さが国益を損ねるなら、外国人は嘘もつきます。国益が相反する国際社会で、「バカ正直」は利用されるだけです。その点は日本人もしっかり認識すべきだと思います。

圧倒的に日本と比べて誣告罪が多い韓国

韓国の犯罪を調べると、日本との一番の違いは誣告罪《ぶこくざい》が多いことです。誣告罪とは、虚偽の犯罪を申告する罪のことです。自分が犯罪被害を受けていないのに、敵や憎い相手の犯罪をでっち上げて相手を陥れる。このような虚偽犯罪の申告が韓国はすごく多いのです。慰安婦強制連行や徴用工強制労働の主張は、国家単位の誣告罪だといえます。

嘘であっても相手に勝てればいいということが、多くの韓国人のメンタリティーに染み付いているのだと思います。儒教的な価値観においては、たった一度の勝負の結果が、永久に続く上下関係を決定するからです。

日本の場合はたとえ勝っても、正々堂々とした戦いでなければ非難されます。卑怯だとか、ずるいとかいわれると、動揺する日本人は多いと思います。正々堂々と勝負して、「負けたらしょうがない。次は頑張ろう」となります。

一方で、勝者は敗者の気持ちに配慮する。あんまり勝った勝ったと喜んではいけない。他にも、大相撲では横綱がガッツポーズをしたら品格がないと責められます。横綱は勝って当たり前だから、そんなに喜ぶなといわれます。ところが韓国人は「勝ち」という結果のためには、八百長も平気でやるし、審判の買収もします。そして勝った側は孫子の代まで、負けた側や第三者に勝利を自慢し続ける。日韓の国民性は本当に真逆です。

韓国人の特徴について、肌で感じたことがあります。私のフェイスブックフレンドに、テキサスに住む韓国人がいます。アメリカ人と結婚してテキサスに住んでいますが、私のフェイスブックの投稿に対して、反対意見を述べることが時々ありました。

ある時、その人は投稿内容への批判ではなく、誹謗中傷の人格攻撃をしてきました。論理的ではなく、ただ怒っているだけです。言葉遣いも非常に悪い。

投稿内容への論理的な批判であれば、議論がもっと深まるから私はうれしいのですが、感情に任せた人格攻撃は意味がありません。それで、「アメリカの実社会でそんなこと言ったら大変なことになる。ネット上だからいいと思ってはだめだよ」と注意しました。

この注意はさすがに効いたみたいで、その後、収まりました。ただ、その時、いつも感情的に振る舞う韓国人に、冷静で論理的な議論を行う意識はあるのだろうかと思いました。ただ相手をやっつけるためだけに、論争とはいえない誹謗中傷ばかりしているのではないかと。まあこれは国会中継を見たり、テレビ朝日系「朝まで生テレビ！」に長年出演してきた経験から、かなりの割合の日本人にも当てはまる話だと思いますが。

法治国家にあるまじき国民情緒法

私が中学2年生のときに、アメリカでは公民権法ができました。人種差別をしてはいけないことを学校で徹底的に教育されました。マスコミもまだ、良い意味でのリベラルな時代でしたから、人種差別を徹底的に批判していました。そのため私は、人種差別発言に関してはかなり敏感です。私の家族が人種差別的な発言をしたら、「そんなことをいっちゃいけない」と叱ります。

しかし、「韓国人の」というよりも、韓国という国の恩知らずぶりは、心情的に許せません。それが国益のためであり、韓国という国を有利にする目的の言動だとわかっていても、どうしても許せません。

英国人女性イザベラ・バードが19世紀末に記した旅行記『朝鮮紀行』を読んで下さい。不潔極まりない堕落しきった発展途上国が、日清戦争以降、日本のお陰で急速に近代化したことが書かれています。戦後の「漢江《ハンガン》の奇跡」と呼ばれる韓国の経済成長も、日本の援助のお陰です。それなのに悪かった部分だけを永遠に、しかも未熟な国民の精神的満足や金銭受領を目的に、事実を捏造してまで国家事業として外国で訴え続けている。これは許せません。

『親日派のための弁明』（草思社）という本を書いた金完燮《キムワンソプ》という韓国人がいます。彼はもともと超反日だったのですが、オーストラリアに移住して韓国の嘘に気がつき、韓国に戻って日韓関係の真実をつづった上記の本を出版しました。しかし、親日派の本だということで、本は発禁処分になり、嫌がらせ的な訴訟に何度もさらされ、さらに、パスポートを発行してもらえないため、出国禁止状態に置かれています。ひどい人権弾圧です。

韓国は言論の自由を認めない社会です。おそらく、韓国の憲法にも言論の自由は書かれていると思います。しかし、事実上そんな自由はない。法治国家ともいえません。憲法や法律よりも上位にある、不文憲法と同様の「国民情緒法」と呼ばれる法概念が韓国社会を支配しているからです。国民情緒法とは、裁判所が判決や決定を出すときに、明文の規定がなくとも、国民の怒りを考慮して判断するという法概念です。検察の起訴・不起訴の判断も、法律より国民情緒に左右されます。成文化された法律よりも、国民の怒りの方が上位の判断基準として、裁判所や検察で使われるのです。これは法治国家ではありえません。

朴槿恵前大統領の弾劾裁判も、実は罷免できる法的要件を満たしていませんでした。しかしローソクデモで100万人も集まったから、裁判所は要件を満たしていないという結論を出せません。そんな結論を出したら、裁判所や裁判官の自宅が襲撃されるからです。

韓国人は、民主主義とは、自分たちがデモを通じて政治や裁判などを動かすことだと信じています。選挙結果や法律でなく、怒りや恨みで集まったデモ隊が最高権力というのは、あまりにも未熟な国です。それが現在の韓国だという前提で日本は付き合うべきです。

ケント・ギルバート　Kent Sidney Gilbert

1952年アメリカ、アイダホ州生まれ。ブリガム・ヤング大学大学院で経営学および法学を専攻。大学在学中にモルモン教の宣教師として来日。その後80年法律コンサルタントとして来日し、83年「世界まるごとHOWマッチ」のレギュラーなどタレントとしても活躍。米カリフォルニア州弁護士、経営学修士（MBA）、法務博士（ジュリスドクター）。近著に、『儒教に支配された中国人と韓国人の悲劇』（講談社+α新書）、『米国人弁護士だから見抜けた日本国憲法の正体』（角川新書）など多数。夕刊フジ連載『ニッポンの新常識』、まぐまぐメルマガ『ケント・ギルバートの引用・転載・拡散禁止！』、DHCテレビ『真相深入り！虎ノ門ニュース』などで論陣を張る。

北朝鮮との関係は？　日本との関係はどうなる！

文在寅政権の韓国はどこへ向かうのか？

——韓国に新しく発足した親北派の政権、その政策の内容は？

拓殖大学客員研究員（韓国統一振興院専任教授）
高 永喆

弔い合戦で勝利した文在寅氏

文在寅《ムンジエイン》大統領が当選することができたのは、弔い選挙のお陰です。彼は盧武鉉《ノムヒョン》大統領のとき秘書室長を務めています。盧武鉉大統領は不正疑惑で自殺した人です。妻や娘や息子が不正疑惑の捜査を受けて恥ずかしいと自殺したのです。

韓国では歴代大統領中で貧しい国を再建した朴正熙《パクチョンヒ》大統領が一番尊敬されていますが、左派が朴正熙大統領を独裁者だと非難し、現在は盧武鉉元大統領が庶民に尊敬されている人物です。多くの国民が、盧武鉉大統領が不正疑惑で捜査されたのは、当時の李明博《イミョンバク》大統領によって嵌《は》められたのだと思っています。このように盧武鉉大統領に対する国民の同情する気持ちが大きく、それにうまく乗っかったのが盧武鉉大統領の秘書室長だった文在寅氏です。

文在寅氏もそのような国民の同情心理を煽っています。また、彼は朴槿恵《パククネ》前大統領に4年前の大統領選挙で負けています。それに対する国民の同情する心理もありました。

ブルジョアお姫様、朴槿恵VS庶民派、文在寅

メディアが報道しているように、朴槿恵前大統領の政治が酷かったことも当然あります。官僚・公務員の賄賂や彼女自身の不正疑惑。さらに、彼女の政治が腐っているから旅客船が沈没して、それをすぐにレスキューできなかったと。このことも最大限利用したわけです。

旅客船セウォル号が沈没して３０４人の生徒が亡くなるという大きな被害を出していますが、修学旅行の海難事故です。そこには政策ミスはありませんし、政権の問題とは直接関連がありません。しかし政策がおかしい。官僚公務員が腐って、救助をうまくコントロールできなかったと、大統領が攻撃されました。大統領も現場に行ったために、それを最大限煽りました。

また朴槿恵前大統領はお姫様（ブルジョア）大統領だと批判しています。文在寅氏は一般庶民出身であることを売りにしました。例えば、「私は庶民中の庶民、朴槿恵は父親も大統領、娘（朴槿恵）も大統領、ブルジョア中のブルジョアだと」。「ブルジョア」の意味はご存じだと思いますが、文在寅氏は「われわれは労働者、プロレタリア」であり、朴槿恵さんは「シンボル的な

ブルジョア」だと。そして、「お姫様」だと。これを煽って国民の違和感を扇動したのです。

しかし、朴槿恵前大統領はお姫様ではなく「悲劇の女性」だと思います。還暦過ぎても結婚もせず、両親が暗殺され彼女もカッターで顔を切られるテロを受けました。妹も離婚して再婚したし、弟も麻薬中毒で何度も拘置所を出入りしました。特権層ではあるものの一般庶民より苦しい波瀾万丈の悲しい人生を送った家庭である事がわかります。

北朝鮮が煽った朴槿恵前大統領バッシング

また、北朝鮮も韓国人になりすまして、それを扇動しています。インターネットやSNSを使って朴槿恵政権のブルジョア性を訴え、韓国の格差社会を批判し、そのような声を大きくしようとしました。文在寅氏は直接北朝鮮から命令や指令を受けている可能性はないと思いますが、北朝鮮の顔色は窺っていると思います。北朝鮮の策動を利用しているとは思います。

これに対して韓国の保守派は反発しています。このままだと北朝鮮に豊かな韓国が呑み込まれる恐れがあります。韓国が主導権をとって北朝鮮の体制を変えるのであればいいですが、その逆は許せないということです。いまのところ、文在寅氏は北朝鮮のそのような動きを利用しているだけだと思われますから大丈夫ですが、実際、北朝鮮の指示を受けるようになったら、韓国の安全保障は大変危うくなります。そのときは韓国の保守とあるいは軍部は黙ってないと思いますし、国民も許しません。韓国の国民に北朝鮮の国民になりたいと思っている人は誰もいません。

THAAD配備の見直しを国民は許さない

文在寅氏は親北派です。彼は同じ民族だから南北は統一しましょうという考えです。これは北朝鮮もいっていることです。それが韓国の左派です。

国民も少々北朝鮮寄りになるのは、許すと思います。現在ストップしている開城《ケソン》工業団地を拡大するとか、金剛山《クムガムサン》の観光ツアーも再開するとか、オリンピックで韓国チームと北朝鮮チームを同じチームで出場させるとか、その辺りまでは理解すると思います。

しかし、THAAD配備を見直すとなると話は別です。大統領選挙で文在寅氏はその見直しを公約してきましたが、実際にそれを推し進めようとすれば、議会が黙っていません。文在寅氏は左派の大統領ですが、議会の多数は保守派と中間派です。彼らがTHAAD配備見直しに賛成することはありません。

もし配備の見直しを強行したら、多くの国民の支持を失うでしょう。THAAD配備はあくまでも防衛兵器です。Defenseです。防衛ツールを何で見直す必要があるのか。そこまで中国の顔色を窺わなくてはならないのか。そのような声が国民から沸きあがります。米韓同盟があるからこそ平和と安定、安全は守られているのに、それを否定することは、あまりにも常軌を逸しているのではないかと。これは与党であれ野党であれ常識です。それをひっくり返すのは危険です。

幸いに6月29日、米国を訪れた文在寅大統領はTHAADを前向きで配備すると表明したので一安心です。しかし、在韓米軍の戦時作戦権を韓国軍に2020年代の初期に委譲する政策検討は危険です。

戦時米軍の増員戦力の自動参戦が難しくなる恐れがあります。戦時米軍増員戦力は69万人、空母5隻機動艦隊と艦艇160隻、戦闘機2000機です。これは、約1兆1300億ドルの巨額防衛費で韓国には多大な損失です。韓国軍が2020年代の半ばまで大幅戦力増強しても米軍の戦時作戦権を維持するのが韓国には国家利益になります。

保守派中の保守が文在寅氏を支持した理由

選挙直前に、健全な保守右派の海軍参謀総長が、文在寅氏のグループに合流しました。おかしいなと私は思いました。保守右派の参謀総長が、左派の文在寅氏のグループに合流したのですから、おかしい。

さらに大統領選挙前日の5月8日夜にテレビ番組で海兵隊司令官出身の私の後輩が文在寅氏の応援演説をしました。彼は「皆さん、明日文在寅さんを応援してください」と発言していました。その演説で、なぜ保守右派中の右派でシンボル的な存在の海兵隊司令官出身の彼が、親北派の文在寅氏を応援するようになったのか、明らかにしました。そのポイントは3つありました。

1つは、選挙戦の1週間ほど前に、米韓連合軍による軍事演習に大統領候補5人を招待したところ、他の大統領候補が来なかったけれど、文在寅氏だけ出席したということでした。彼には国を守りたいという強い意志があると認識したそうです。

２つ目のポイントは、文在寅氏は当選すれば北朝鮮に行くと選挙公約に掲げていましたが、実際に直接会って聞くと、そうではないと。文在寅氏は、当選したらまずアメリカを訪問して、北朝鮮核兵器問題を解決できるように交渉しますと話したそうです。実際、文在寅大統領は６月下旬に訪米しています。

そして３つ目のポイントが、国防予算の増額です。２０１７年の国防予算は、９パーセント増額要請から４パーセントまで削減されたけれど、それをもっと増額したいと文在寅氏ははっきり言ったそうです。

これが、海兵隊司令官の彼が文在寅氏の応援に至った理由ですが、私が面白いなと思ったことは、その彼が、「文在寅さんが、もし国防問題や北朝鮮問題の大きな政策ミスで、豊かな韓国がメチャクチャになったり、韓国の安全保障が損なわれたら、われわれがそれを許しません」と応援演説の中で発言していることです。私はこれを聞いて安心しました。この発言は重要です。豊かな韓国が文在寅大統領の政策失敗によって崩壊したら、あるいは北朝鮮に奪われるようなことがあったら、われわれ軍部が、海兵隊が先頭に立って、それを許しません、それは絶対見逃しませんと発言しているわけです。文在寅氏を支持しても、北朝鮮に韓国は渡さないという保守派の強い意志が示されました。だから私は一安心しました。

韓国の海兵隊は団結力が非常に強く、政治圧力団体としても力を持っています。また、朴正熙《パクチョンヒ》大統領の軍事クーデターで一番先頭に立ったのは海兵隊です。朝鮮戦争のときも仁川《インチョン》上陸作戦を行って、韓国政府の建物に、最初に国旗・太極旗《テグキ》を揚げたのも海兵隊です。だから多くの国民に認められているのです。その海兵隊を含めた軍部が韓国の安全保障については保証しましたから、米韓同盟は大丈夫だと思いますが、文在寅大統領が間違った安保政策をすれば、彼の大統領としての政治生命は終わると思います。

文在寅大統領の公務員増員政策は韓国をだめにする

現在の文在寅大統領の政策で大きな問題は経済面です。

彼は権威的な大統領のイメージを払拭するとしています。自ら自販機でコーヒーを買ったり、お昼も官邸内の食堂で自らトレーを持って食事をとったり、一般庶民の市場へ行って買い物をし一緒に食事をしたり、庶民派を打ち出しています。

経済政策でも一般庶民の若者の就職率を上げるために公務員を70万人以上、80万人ぐらい増やすとしています。また非正規職員もこれから調整して、財政援助をしながら正社員にしていくとしています。しかし、一見いいように見える政策ですが、これでは国の予算が持ちません。ほかにも文在寅大統領は福祉予算を増やすことを明言しています。これではギリシャ（Greece）と同じ問題を抱えることになります。ギリシャは政府が福祉政策にあまりにも力を入れすぎて、経済が崩壊しました。国家予算はないのに、国民にお金をばら撒き、財源破綻してしまいました。

国民の顔色を見ながら、人気を得るために国の予算を無駄遣いする。いわばポピュリズム（人気迎合）の政策は危ないです。経済専門家、経済学者たちは、このままだったら韓国経済が崩壊する恐れがあると指摘しています。

財閥を育て、韓国の雇用を増やすことが求められる

韓国経済を考えると、ばら撒き的な政策をとるよりも、財閥を育ててその裾野を広げ、雇用を増やす方向に持っていったほうがいいと思います。韓国の大手財閥、サムスングループやヒュンダイ、ＳＫグループとかＬＧとか、そういう企業を育てて応援して、そこから雇用を生み出す。そこが多くの人々を雇えるようにする。そのほうがいいと思います。

しかし、財閥に対する国民の反感、格差社会に対する国民の妬み、嫉妬心、それを煽りながら大統領になったのが文在寅氏です。彼は財閥解体までは選挙公約には挙げなかったけれど、国民のそういう格差社会に対する反感、不平不満を煽ったのは事実です。

そのような国民世論に乗っかって、韓国の検察当局はサムスングループのオーナーを逮捕しています。現在、彼は裁判中です。このようなことを繰り返してはいけません。財閥を育てないと、韓国経済が潰れる恐れがあります。財閥は、自らを否定する韓国から逃げて、工場を海外へ、ベトナムとかアメリカに移すべきだと考えています。

すでに、アメリカ、ベトナムに移動したところもあります。サムスン電子などです。このまま、

このようなことが続けば、産業の空洞化が始まり、韓国人は働くところがなくなります。韓国経済は輸出に頼っている部分が多いです。その輸出を担っているのがサムスンやヒュンダイなどの財閥です。輸出に頼っている分、国際経済の動向によって韓国経済も左右されるわけですが、もし、産業の空洞化がますます進めば、せっかく国際経済が上向いても、韓国経済への見返りはなくなり、経済は発展しません。そうなれば、韓国経済はより国家予算に依存する体質の国家になり、ギリシャのようになってしまいます。

文在寅氏は、財閥を否定する国民の意識に乗っかって大統領になりました。財閥は育てるべきなのに、足を引っ張る政策を掲げることで、大統領になりました。彼が大統領になった経緯を考えると、韓国経済の成長はなかなか難しいといわざるを得ないところが悲しいです。

慰安婦問題はいつまでも終わらない

韓国の大統領が反日政策を掲げるのは、政治家の支持率が下がったときです。支持率を上げるために慰安婦問題や竹島、独島問題をイシューにして、反日感情を煽るわけです。だから、保守派の大統領であった李明博氏も竹島・独島に上陸していますし、文在寅氏も竹島・独島に上陸しています。国民の反日感情を政治的に利用しているのです。しかし、建前では、反日の主張はするけれども、本音では政治家も、韓国人もみんな日本が大好きです。反日感情はあるけれど、日本が大好きなのです。矛盾があります。

その矛盾に拍車をかけているのが、北朝鮮による韓国国民への扇動です。北朝鮮は韓国人に成りすまして、インターネットやＳＮＳなどを通じて反日感情を煽っています。朴槿恵前大統領へのブルジョアのレッテル張りと同じように、慰安婦問題のことをことさら取りあげて、日本をファシスト軍事国家と非難しています。

このことによって、日本と韓国、日米韓の離間政策を推し進めているのです。

そして、この扇動に多くの韓国人が騙《だま》されてしまっています。さらにそれに本当に騙されたのか、それとも乗っかっているのかわかりませんが、韓国の左派連中が、慰安婦問題をより扇動しています。文在寅氏も、このような韓国国民の感情に乗っかって日韓の慰安婦合意を国民の世論を言い訳に見直すスタンスを取っています。

私は日本と韓国、そして日米韓の関係を考えると北朝鮮の情報戦に負けていいことはないと考えています。しかし、なかなか慰安婦問題は解決しないでしょう。文在寅大統領は、韓国国民の感情に乗っかって大統領になりましたから、すぐに慰安婦問題を解決しようとはならないでしょう。慰安婦問題の解決の道は、ソウル日本大使館と釜山日本総領事館前の慰安婦像を隣の公園に移した方が望ましいと思います。韓国でも健全な国民世論からは〝原始人もへその下部分は恥ずかしいので隠した。慰安婦問題を国際社会で大騒ぎするのは国の恥である〟と言う声も聞こえます。

二つの顔を持つ政治家 冷徹な「庶民派」（?）文在寅

朴槿恵前大統領を批判した加藤氏は、朴槿恵の弾劾で一躍凄腕ジャーナリストに祭り上げられるところだった

産経新聞編集委員
加藤達也

意外に多かった韓国での肯定的意見

２０１４年８月に、わたしは韓国で大型旅客船・セウォル号が沈没事故を起こした日の朴槿恵《パククネ》前大統領の行動について記事を書き、これが大統領の名誉を毀損したとして、ソウル中央地検から起訴されました。韓国からの出国を禁止され、裁判沙汰にまでなったのはご承知のことと思います（15年12月に無罪判決）。

このとき、韓国のネット上には、いわゆる「産経の加藤問題」に関するスレッドがたくさん立ち並び、かなりの量の書き込みが投稿されることになりました。当然、わたしに対する誹謗中傷だけで溢れかえっているのだろうと思っていたのですが、ある日、時間があるときに、それらにざっくりと目を通してみたところ、意外なことがわかりました。

つまり、「産経の加藤はとんでもない奴だ」「やっぱり日本は悪い国だ」「記事はでたらめだ」という全否定の声は、全体の6割くらいで（厳密に数えたわけではなく、あくまで印象ですが）、残りの4割くらいは比較的冷静に事実関係を押さえ、「加藤の書いたことはどうも事実のようだ」「韓国政府のやり方のほうに問題がある」という自国への批判的なスタンスをとる声が、意外にも多くあったのです。

昨年10月末に朴大統領の政治スキャンダルが発覚した後は、これを厳しく報じることができてこなかった韓国メディアを非難し、「韓国には真の新聞記者はおらず、日本にはいた」「我々は加藤に謝罪しなければならない」といった声まで見かけました。朴政権といえば、いわゆる「中国べったり」「日本には強硬」の方針が極めて顕著だったわけですが、こうした極端な反日政策を国民に吹聴していた政府や大手マスコミの報道姿勢が、実は諸悪の根源なのではないか、もしかしたら自分たちは騙されていたのではないかという声も韓国には少なくないのです。

韓国に少ない雑誌メディア

韓国の国民が「騙されていた」「何が真実なのかわからない」と嘆く背景に、韓国という国が抱える特殊なメディア事情があります。実は、韓国は日本と比べ、雑誌メディアが貧弱なのです。

日本では、たとえば経済の専門誌がいくつも発刊され、定見を持った専門家が寄稿したり、記者自身が専門的な知見をもとに執筆したりしています。

新聞に書いてないような事実を、特集記事として角度を変えて深掘りし、国の経済や金融に関する情報を庶民の生活に落としこみ、それにより読者は新たな事実を知ることができるわけです。日本人にとっては当たり前の話です。ところが、韓国にはそういった役割を果たせる雑誌媒体の入り込む余地が非常に限られているため、庶民が事実に「気づく」ための過程がすっぽりと抜け落ちてしまっているのです。

もちろん「雑誌」そのものは新聞系を含めて存在しますから、「まともな雑誌が全くない」ということではないのですが、そういった主要なもの以外の雑誌の中身は、極めて粗悪な情報ばかりです。ジャーナリズムと呼ぶには程遠く、国民からも「信用のおけない媒体」というレッテルを貼られています。

正しい情報の落とし込みがないため、国際金融と自分たちの暮らしがどうリンクしているのかを、理論的に結びつけて考えられる人も少ないのです。政治面でも同じでして、たとえば日本で、安倍総理が都議選で応援演説したときに、群衆の〝帰れコール〟に反発して「こんな人たちに負けるわけにはいかない」と発言したことを、テレビの情報番組のＭＣやコメンテーターのタレントらが、「首相としてとんでもない失言だ」「善良な市民の声を無視している」と一斉にバッシングしました。

産経新聞前ソウル支局長の朴大統領記事に無罪判決（2015年12月17日、写真：ロイター/アフロ）

ところが、並行して一部の雑誌やネット媒体、識者などが、群衆の内訳がどんな人たちで、プラカードなどの特徴から「共産党の組織的な行動ではないか」と分析するなど、情報番組とは別の角度から洗い直し、実態が浮き彫りにされていくのが普通です。そして、それらを読んだ読者が、「一般市民なんて嘘じゃないか」「活動家の組織的な戦略だ」「いや、それでも総理の発言としては……」「市民は市民だ」などと議論を交わし、結果として多様な意見が醸成されることになります。

ところが、質の高い雑誌メディアが無い韓国では、そうした幅広い声が生まれる仕組みがありません。必然的に、国民の発想は硬直化かつ単純化され、少し言葉は悪いですが、大人にしては幼稚な考え方が世の中にはびこることになるのです。

手のひらを返して私を正義の味方にした韓国

結局、情報源は新聞・テレビかネットかという両極端な形になるしかないのですが、韓国でも若者の活字離れは深刻でして、新聞を読まない若い人の情報ソースは、勢いネットに絞られていきます。しかし、そこには真偽不確かな情報が断片的に散乱するだけで、意見の体系的な集約や合意といった流れは必ずしも生まれません。

安定した理論が庶民の頭の中に構築されないため、常にぼんやりした不安感だけを抱えている韓国の国民は、影響力のある人が大きな声で「悪いのは日本だ！」と言えばそれに飛び乗り、「デモに集まれ！」と言えば10万人が集結します。しかし、そこに確固たる理念や、自らの行動を説明できる本質的な論理は存在しません。あるのは瞬間的な情念や衝動、つまりは「国民情緒」というムードなります。

冒頭で、わたしが韓国の司法から在宅起訴され、1年4カ月間も捜査と裁判の対象となったのは、決して事実認定や法理に基づくものではなく、単なる「日本憎し」「産経憎し」という情緒的なエネルギーだったことは明らかです。

実際、起訴された当初は、わたしに批判一辺倒だった韓国メディアは、朴槿恵前大統領が政治スキャンダルで「悪者」になると、こんどはその悪人を批判的に書いたわたしを「正義の記者」

「正しい側の人間」という扱いに、180度ひっくり返して接してくるようになりました。先ほどご紹介した「加藤に謝るべきだ」といったネットの声が出たのもその辺りからだったかもしれません。

あきれることに、韓国メディアからは取材依頼も殺到し、一週間ほどの間に電話が50本以上かかってきたこともありました（韓国政治にかかわりたくなかったので全て断りました）。これまでの人生であれほど見事な手のひら返しは味わったことがありません。

韓国社会とはこういうものだと理解していましたので、腹も立ちませんでしたが、「国民情緒法」と揶揄される彼《か》の国特有の感情に、いくばくかの恐ろしさを覚えたのは確かです。朴槿恵前大統領に対する公判は今も進められていますが、法理ではなく感情で裁かれるという意味において、朴氏もわたしも同じ「国民情緒法」の被害者であるといえるでしょう。

文在寅の経歴とは

こうして、魔女狩りのような吊るし上げで朴槿恵前大統領が罷免され、代わりに元市民活動家で弁護士の文在寅氏が、2017年5月に第19代大統領に就任しました。反日スローガンを声高に叫ぶ文政権は、北朝鮮へ急接近を図っており、これに対して米国が嫌悪感を示すなど、日米韓の安全保障関係が激変しつつあると感じています。

文在寅氏とはいかなる人物であるのか。それを知るには、第16代大統領だった盧武鉉《ノムヒョン》氏との関

文在寅（左）と盧武鉉（右）（写真：The office of election camp of Moon Jae-In/ロイター /アフロ）

係性を見る必要があります。

文氏は1953（昭和28）年、慶尚《キョンサム》南道《ナンド》巨済《コジェ》市で二男三女の長男として生まれました。経済的に貧しい少年時代を過ごした文氏は、奨学金を受けてソウルの私立慶熙大学校法科大学（法学部）に首席で合格します。

当時、軍事クーデターで政権を掌握し、独裁政権を敷いていた朴正熙《パクチョンヒ》大統領（朴槿恵前大統領の父）を糾弾する「民主化運動」に関わり、活動が過熱して75年には逮捕・投獄されたこともあります。

韓国メディアの報道によると、民主化運動に関わったデモ学生が逮捕された際の量刑相場は懲役2年でしたが、事件を担当した判事が執行猶予付きの懲役10月の判決を下し、釈放をされたものの、そのまままっすぐ軍に強制徴集され、入隊して特殊戦司令部で服務しました。ちなみに、後に妻となる女性とはこの在学期間中に知り合ったといいます。

卒業後は司法試験に合格し、同じく弁護士で民主化運動に携わっていた盧武鉉とともに、釜山に共同で「弁護士盧武鉉・文在寅合同法律事務所」を開設。いわゆる人権派弁護士として活動をします。盧氏は文氏より7歳年上でしたが、若い文氏に対する信頼感は並々ならぬものがあったようで、盧氏が「文在寅の友達、盧武鉉」と呼んだほど近しい関係性にあったと韓国メディアが伝えています。

後に盧氏が大統領を目指すことを決めた際には、文氏を釜山地区の選挙対策本部長に抜擢。また、盧氏は文氏に釜山市長選挙への出馬を何度も勧めましたが、「わたしは参謀タイプ。もっと適した人が出馬するべき」と言って固辞したともいわれています。

ちなみに、わたしは２００４年秋から半年間、韓国の延世大学校に語学留学していたのですが、この04年秋から翌05年春頃までは、盧武鉉政権の中盤にあたる時期でした。

すなわち、盧大統領が選挙法違反や側近の不正などを理由に、韓国憲政史上で初めて国会で弾劾訴追されたものの（2人目となったのが朴槿恵前大統領）、これが憲法裁判所で棄却され、最終的に大統領職務に復帰した直後の頃でした。

お調子者の盧氏と「親日罪」を作った文在寅

当時から私は、「盧氏とはどういう人か」と日本人などから聞かれたときに、「ひと言で言えばお調子者かな」と答えていたものです。つまり、国民の歓心を得るために、ときたまサプライズ案をぶち上げるような、ポピュリスト的な性格が垣間見える人物でした。

したがって、側近たちはそうした盧氏の思い付きのような意見も含めて吟味し、その中から実現性があって、盧大統領の政治哲学とも沿うような案を選び、実現にむけた実務を担ったといいます。ブレーンの声を重視するやり方を「側近重用体制（政治）」などと言いますが、盧大統領はまさにその典型の一人でした。

そして、そのもっとも重用されたスタッフの一人が文氏でした。文氏はやがて、盧政権で大統領府の秘書室長（安倍政権でいう菅官房長官のようなポジション）に就き、「親日罪」という言葉も生んだいわゆる「親日派財産没収法」（親日反民族行為者財産の国家帰属に関する特別法）の成立の際にも、盧大統領を法律面でサポートしました。

日韓関係にも極めて暗い影を落としたこの法律は、日本の朝鮮半島統治時代に「反民族行為者」とみなされた者の土地や財産を没収するというもので、「法の不遡及の原則」を無視した〝トンデモ法〟として、国際的にも批判が多いのはご承知のとおりです。

敵対勢力には冷徹で老獪な権力者

かつては市長選挙への出馬を何度も固辞し、「一人の弁護士として仕事を全うしたい」と常々語っていたと言われる文氏は、政界へ足を踏み入れた後も、あくまで秘書室長などの裏方として汗をかき続けました。

しかし、徐々に権力欲に目覚めたのか、同志で先輩の盧武鉉氏が身内のスキャンダルで自殺をすると、その遺志をつぐように大統領を目指して動き始めます。

文氏は、その生い立ちなどから、「苦労人」「庶民派」「親しみやすい」などの印象を持たれることが多いようですが、一方で、自身に敵対する勢力に対しては、一貫して冷徹に対応するという老獪な権力者としての側面もあります。

実際、ソウルに赴任してきた日本人記者たちからは、「都合の悪い質問をされるとバッサリと遮る。あんなの庶民派じゃないよ」「高慢で、ちょっと鼻持ちならないかな」などの感想を聞くことがあります。

わたし個人の体験でいうと、12年4月の第19代韓国総選挙にあたり、釜山市沙上《ササン》区選挙区（＝小選挙区）で選挙活動をする文氏を密着取材したことがありますが、たしかに有権者には気軽に握手やサインに応じるなど、フランクな対応に努めていましたが、外国メディアや国内保守系マスコミへの警戒心は最後まで解かなかったという印象を持っています。その意味では、文氏に

文在寅の対外政策をめぐる発言

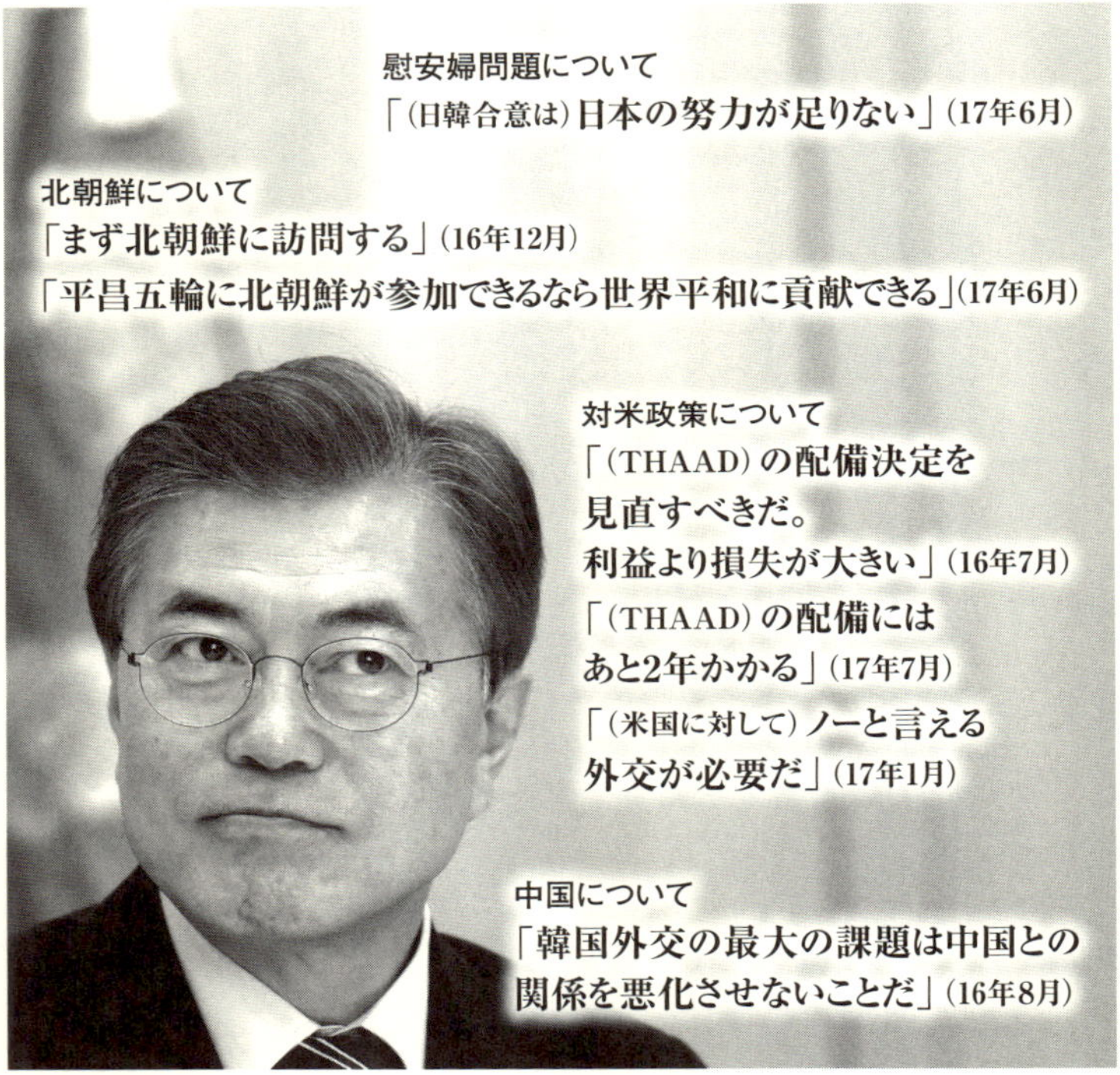

慰安婦問題について
「（日韓合意は）日本の努力が足りない」（17年6月）
北朝鮮について
「まず北朝鮮に訪問する」（16年12月）
「平昌五輪に北朝鮮が参加できるなら世界平和に貢献できる」（17年6月）
対米政策について
「（THAAD）の配備決定を見直すべきだ。利益より損失が大きい」（16年7月）
「（THAAD）の配備にはあと2年かかる」（17年7月）
「（米国に対して）ノーと言える外交が必要だ」（17年1月）
中国について
「韓国外交の最大の課題は中国との関係を悪化させないことだ」（16年8月）

（写真：ロイター /アフロ）

「二つの顔がある」（某記者）という分析はあながち間違っていないのではないかもしれません。

この選挙で文氏は、保守派の牙城を崩す形で見事当選。同じ年の12月には初めて大統領選挙にも出馬しますが、大接戦の末に朴槿恵氏に敗れています。敗因は、「文氏が大統領になったら赤化統一されてしまう」という保守派の危機的な声が、最終局面で高齢層の有権者に浸透した結果だとわたしは思っています。

親北派であり、風を読んで主張を変える文在寅

文氏が「親北朝鮮」であることを示す最も象徴的なエピソードがあります。盧武鉉政権で秘書室長だった文氏は07年、国連の北朝鮮人権決議案の採決を韓国が棄権した際、事前に北朝鮮の意向を聞くよう提案したという疑惑があるのです。

これは当時の外交通商相だった宋旻淳《ソンミンスン》氏が最近出版した回顧録『氷河は動く』の中で指摘しているもので、〝将軍様のご意向〟を韓国外交に反映させたとして、保守層から猛烈な批判を浴びました。

大統領選に伴うテレビ討論会の場で、保守派から「候補の資格はない」と追及された文氏は、「疑惑は事実ではない」と否定はしていますが、納得できる説明はできていません。

保守系メディアの朝鮮日報は、「(文氏は)実際に北朝鮮に尋ねたかどうかは明言しないまま『レッテル貼りだ』と激しく反発したかと思えば、この日は『よく覚えていない』とトーンダウンした」「このような態度を見る限り、(回顧録を書いた)宋氏の指摘の方が事実である可能性が高い」と伝えています。

国際世論より北の意向を重視したのであれば、「北の内通者」「スパイ」と非難されてもしかたありません。

文氏は就任後、盧政権同様に、北に対する「太陽政策」を掲げ続けています。ＩＣＢＭの発射

などには一応は批判の声明を出していますが、「いつでも会う準備はある」「平昌の冬季五輪は南北統一チームで」などと、相変わらずラブコールは続けています。

一方、日本に対しては、「日本の法的責任と公式な謝罪が慰安婦問題解決の核心である」と発言。いわゆる「慰安婦合意」についても「被害者（元慰安婦と主張している女性）は合意に反対している」「日本は最善の努力をしていない」と批判の声を強めています。

理由は彼自身のイデオロギーはもちろんですが、国民の声、すなわち「国民情緒」がそう吠えているからでしょう。その怖さをわたしは身をもって知っているつもりです。

実は文氏は、わたしが前述の裁判における初公判を控えていた14年11月に、「（外国人記者を法廷に立たせることは）大きな過ちだ。世界の規準に合っておらず、国際的に恥ずかしい行為だ」という趣旨の発言をしています。

元運動家で人権派弁護士らしいコメントといえばそうなのですが、実はその後、国会内での世論が再び「反日挙国一致」へ動き始めると、一転して無口になってしまいました。そのときは軽い失望を覚えたものですが、空気や風を読むことに長けた文氏であれば、当然すぎる行動だったということはできるでしょう。

そういう人物が今後5年間、韓国の指導者を務めるということを、日本人は再認識しておく必要があるかもしれません。

加藤達也（かとう・たつや）

1966年東京生まれ。91年産経新聞社入社。夕刊フジ報道部などを経て、2004年韓国延世大学校で語学研修。社会部などを経て10年からソウル特派員。11年にソウル支局長。14年10月から社会部編集委員。著書に『なぜ私は韓国に勝てたか　朴槿恵政権との500日戦争』（産経新聞出版）

いつまで金正恩におべっかを使うのか文在寅！

金正恩に振られても、秋波を送る文在寅

――金正恩にいくら秋波を送っても振られ続ける文在寅。すでにレームダックが始まった！

『コリア・レポート』編集長
辺真一

北朝鮮問題に揺さぶられる韓国経済

北朝鮮が弾道ミサイルや核実験で世界に揺さぶりをかけるたびに、その影響をもろに受け続けてきたのがお隣の韓国です。何か危険な臭いがするたびに、韓国から外国資本の撤退や縮小が検討され、経済は様々な形で打撃を受け、政情も不安定になります。

このように、日本にも米国にも、欧州にも無い、世界で唯一韓国だけが抱える巨大なジレンマが、いわば「北朝鮮クライシス」という名の爆弾です。北朝鮮からの揺さぶりを、韓国では「北風が吹く」などと表現しますが、韓国では常に北からの「風」が政治や経済の足かせとなってき

たのです。

振り返ると、韓国経済が安定していたのは最大派閥「現代グループ」出身の李明博《イミョンバク》大統領時代の2011年頃。北朝鮮が今とは比較にならないくらい平穏な時期でした。11年といえば、12月17日に金正日《キムジョンイル》総書記が平壌へ移動中の列車の中で死亡した年です。北朝鮮は国全体が喪に入り、後継者となった正恩《ジョンウン》氏は、自らの権力基盤を固めるために必死な時期でした。今のようにミサイルを撃ちまくり、国際社会を右往左往させるような余裕はなかったのです。

もちろん、韓国のGDPが伸びた背景には、韓国企業が技術力を進化させ、為替もウォン安基調が続くなど、好調を支えるだけの要因もありましたが、一方で北朝鮮からの「風」が無風状態だったことで、その間は韓国が比較的やりたいようにやれたという側面はあったのです。結果、11年の韓国経済は輸出総額が5550億ドルを記録し、サムスンは翌12年第1四半期において、前年比267パーセントの出荷台数を記録。台数ベースで米アップル社を抜くことに成功しました。今思えば、韓国にとっては実にいい時期だったのです。

危機一髪だった2015年地雷爆発

北朝鮮の核問題が世界で言われはじめたのは、90年代のジョージ・H・W・ブッシュ大統領（パパブッシュ）の時代からです。以降、クリントン、息子のブッシュ、オバマ、トランプと、大統領が5人変わる間、およそ四半世紀にわたり未解決のまま引きずってきたことになります。

韓国にとって最大級にやっかいな問題というしかありません。

とにかく、些細なことが原因で簡単に一触即発の事態になりますから、韓国は気が休まる暇がありません。2015年8月4日、朝鮮半島の非武装地帯（DMZ）で地雷が爆発し、韓国軍の兵士2人が足を切断するなどの重傷を負ったのをきっかけに、両国が臨戦態勢になったことがありました。爆発した地雷の部品が過去の北朝鮮製の地雷と一致したことから、韓国は北朝鮮が意図的に埋設した地雷であると主張。「明白な挑発」として批判しましたが、北朝鮮は最後までこれを否定しています。

このときは、韓国が報復としてビラを大量に撒いた上、拡声器で宣伝放送を敢行。これ対し、北朝鮮軍が「放送を中断しなければ無差別に打撃を加える」と準戦時状態を布告し、実際に高射砲で砲弾1発を発射したり、直射砲をDMZへ向けて数発を撃ったりと、威嚇レベルとはいえ、先に攻撃をしかけています。

対する韓国軍は、DMZの北500メートルの非武装地帯に、155ミリ自走砲で数十発を応射。これに北朝鮮軍が応戦しなかったため、〝小競り合い〟はこの段階で終わりました。結果的に死者は出ませんでしたが、戦局が拡大していれば大変な事態になっているところでした。

年二回必ず起きる朝鮮半島の緊張

このように、ちょっとしたきっかけで、局地的な撃ちあいが始まってしまう可能性を常に秘めているのが朝鮮半島です。しかも、韓国には北朝鮮が毎年決まって反発をする〝恒例行事〟もあります。それは、年二回必ず行われる米韓合同軍事演習です。

2月もしくは4月と、8月の計二回。これに北朝鮮が必ず反発をするわけです。演習は毎年2回必ずやるわけですから、北朝鮮の毎年のルーティンにしっかりと組み込まれているようなものです。米韓両国は「北が核開発を止めない限り演習は止めない」との立場を維持していますから、軍事境界線に「38度線」がこの世に存在する限り、これからも合同軍事演習はずっと続き、そのたびに北朝鮮は反発をし続けることになります。

これまでも、両国の雰囲気がようやくマシな空気になってきたかな……となっても、結局は春と夏の軍事演習で反発しあう仲に戻ってしまうという、堂々巡りを延々と繰り返しているのです。最近の例では、17年3月~4月にかけて、トランプ政権になって初の合同野外機動訓練「フォールイーグル」が行われ、米海軍の原子力空母カール・ビンソンが投入されるなど、過去最大といわれた前年の訓練より、さらに巨大規模の訓練となりました。

これに対し、北朝鮮は「わが国を狙った侵略的演習」と不快感を示し、訓練が開始される前の3月6日、弾道ミサイル4発を発射しています。

大イベントの大統領選挙と総選挙

韓国経済に関連して、もう一つ大きな政治リスクが、4年に一回行われる総選挙です。

日本では、政局によって衆議院が解散するなど、国政選挙は不定期に行われますが、韓国で国政選挙といえば、4年に一度の国会議員総選挙と5年に一度の大統領選挙だけです。

そして、この4年に一度の国をあげた〝巨大イベント〟に、韓国の国民は信じられないほどのエネルギーを投入します。実際、韓国の国政選挙にはある種、イベント的な空気が漂います。「崔順実《チェスンシル》ゲート」で告発された朴槿恵《パククネ》前大統領を糾弾するキャンドルイベントで、歌や踊りで盛り上がっている映像を見て、違和感を覚えた日本の方も多いのではないでしょうか。しかし、韓国ではあれは普通なのです。政治情報サイト「韓国大統領選２０１７」(株式会社アンニョンリンク)は、当時の集会の様子を次のように伝えています。

「当日にはステージと大型スクリーンを数か所に設置し、救護所や弁護団チームも運営する。迷子も探せば、無料で食事やカイロも配る。そして参加者が退屈にならないよう、司会をしながら、芸能人の公演を企画し、一般市民の発言コーナーも豊富に設ける。トイレ案内の地図を作り、ボランティアを配置し、安全を心掛ける。そして参加できない人のためにウェブで生中継まで行う」

もはや完全なイベントです。これだけの規模のイベントの運営には、多額の資金とノウハウが必要ですが、これを左派系の複数の労組などが集結し、エンターテインメント性を保ちながら維持・運営していくという文化が韓国にはあるのです。

選挙でばら撒かれる嘘の統計

問題となるのは、先述したように「信じられないようなエネルギーを投入」した結果、熱くなりすぎた与党も野党も、選挙に勝つために金をばら撒き、大盤振る舞いをする傾向があるのです。言わば「選挙特需」です。結果、巨額の費用が浪費され、これが尾を引き、翌年の経済へ悪影響を与えてしまうというわけです。つまり、選挙が国の経済の足かせになるということで、これも韓国が抱える4年に一度の悪しき伝統の一つということになります。

選挙になると、与党は選挙民の歓心を買うために「我が党のおかげでこれもうまくいった、あれもうまくいった」とバラ色の統計数字を出してきます。問題は、その数字に水増しや偽装は無いのかということです。事実、ふたを開けてみたら金庫が空っぽ、つまり外貨準備高がゼロだったというのが、金泳三《キムヨンサム》大統領が退陣した1998年。つまり、大統領選があった年なのです。

前年にはじまったアジア通貨危機でウォンは暴落し、韓国は外貨が底をついて債務返済が不可能に。結局、IMF（国際通貨基金）の支援を受ける事態になりました。わかりやすくいえば、会社（国）が破産して潰れてしまったので、管財人（IMF）が乗り込んで経営を再建したのと同じです。

選挙では北朝鮮が必ず韓国に揺さぶりをかける

そして、こういう事情を狡猾な北朝鮮はしっかりと見透かしていますから、選挙のシーズンになると、あの手この手で揺さぶりをかけてくることになります。つまり、韓国にまた「北風が吹く」というわけです。4年に一度の総選挙も、5年に一度の大統領選も、北朝鮮はそこに絡めて何かをしかけてきますし、株の暴落など韓国経済の足を引っ張る。その繰り返しです。

北朝鮮は韓国にとって、言わば病巣のようなもの。外科手術で完全に除去できればいいですが、出血が伴うのでそれはできない。したがって対話という漢方薬でとりあえず悪化を抑えている。返り血を浴びたくないため対処療法に頼るしかなく、根本治療がなかなかできない。それが今の南北の状態です。

10年ごとに変わる右政権から左政権へ、左政権から右政権に

こうした中、朴槿恵前大統領の弾劾・罷免により、2017年5月に行われた大統領選挙で、最大野党「共に民主党」の前代表、文在寅《ムンジェイン》氏が第19代韓国大統領に就任しました。

2012年の大統領選では、朴槿恵氏と接戦の末に僅差で敗北しており、二度目の挑戦でリベンジを果たしたことになります。韓国では、大統領の交代に関してはお決まりのサイクルがあり、だいたい5年任期で2人ずつ、10年ごとに「保守」と「リベラル」が交代で政権に就いています。

ちなみに韓国でリベラルといえば、一般に「反米・親北朝鮮」を意味します。その流れから、〈李明博→朴槿恵〉と2人続いた保守政権から、次はリベラルで北朝鮮寄りの政党が政権を担当する番であるということは、選挙前から言われていました。事実、文在寅氏の北朝鮮寄りの姿勢はかねてより有名でした。そもそも、文在寅氏の政治の師匠は、歴代の大統領の中でももっとも北朝鮮に近かったと言われる盧武鉉《ノムヒョン》氏。03年に第16代大統領に就任し、退任後に親族の金銭スキャンダルが発覚し、おそらくこれが原因で09年に自殺しています。

在任中は北朝鮮の核開発を事実上容認し、当時の金正日総書記と面会した際は「私め」「お伺いしたい」など最上級の敬語を使っていたことも後に明らかになり、保守勢力からは「ほとんど売国奴のレベル」（李明博氏）と批判されたこともありました。文在寅氏はその盧武鉉元大統領の秘書室長、即ち懐刀だった人物です。

「脱北者集団亡命推進委員会」が批判する文在寅

文在寅大統領が北朝鮮に極めて近いことを示す一つの事実が、韓国の脱北者団体が文氏に一貫して敵対姿勢を示していることです。韓国国内に住む約3万人に上る脱北者らで構成する「脱北者集団亡命推進委員会」というグループが、大統領選挙前に「文在寅氏が当選すれば海外に集団亡命する」との声明を出すなど、「反文在寅キャンペーン」を展開しました。

脱北者といえば北朝鮮から命がけで逃げ出してきた人たちですから、当然ながら北の独裁体制には批判的ですし、彼《か》の国がどれほど過酷で理不尽であるかも知っています。

北朝鮮を誰よりも憎む彼らが文在寅氏を批判した背景には、イデオロギー的な要因はもちろんのこと、韓国政府から脱北者らに付与された住民登録番号の問題が存在しています。

というのも、脱北に成功して政治運動などを展開していた一部の元北朝鮮人たちが、中国の公安当局や北朝鮮保衛部により、大量に逮捕されて北朝鮮へ引き戻されるという事案が一時期多発したことがありました。そしてその原因が、盧武鉉大統領の時代に脱北者らに付与された住民登録番号が、実は簡単に識別されてしまう仕組みになっていたからだと言われているのです。

彼らは「盧武鉉政権のせいで、２００５年から07年の2年間に約１千人の脱北者らが中国で行方不明になった」と主張しています。「脱北者集団亡命推進委員会」の代表らは選挙前に会見を開き、「(北朝鮮寄りの) 文在寅氏がもし大統領になれば、北朝鮮から脱北者を拘束して暗殺する部隊が自由に出入りするようになる」とし、多くの脱北者の命が根底から脅かされることになるとの声明を出したのです。結果、選挙が文在寅氏の圧倒的な勝利で終わったのはご承知のとおりです。

北朝鮮の批判をする人権決議案に棄権した盧武鉉と黒幕の文在寅

北朝鮮をめぐる盧武鉉元大統領と文在寅氏の関わりでは、実は過去にこんなこともありました。

２００７年11月20日、国連が北朝鮮の人権状況を国際的に非難する北朝鮮人権決議案の採決を図った際、当時の盧武鉉大統領が棄権をして批判されたのですが、実はそこに北朝鮮の意思が関与していたとの疑惑が浮上したことがあります（加藤達也氏が227頁でも言及）。

当時の外交通商相だった宋旻淳《ソンミンスン》氏が16年10月に出版した回顧録によると、盧武鉉大統領は国連採決より一か月ほど前の07年10月2日、平壌で開かれた第2回南北首脳会談の場で、採決を前に北朝鮮サイドに意見を求めたといいます。これに北朝鮮は反発する回答を返し、これを受けて韓国政府は棄権を決めたと回顧録は記しているのです。そしてその過程で、当時の大統領秘書室長だった文在寅氏が、その交渉を主導していたとも指摘され、「文氏は北側のスパイ」との批判が保守派の一部から上がったのです。

文氏はこれに対し、自身の関与については具体的な言及を避け、「活発な党内議論を経たうえで大統領が決断したこと」と述べるにとどめています。

文在寅大統領が北朝鮮寄りと言われる背景には、もともとの彼のルーツが関係しているとの声もあります。中央日報は17年1月の記事で、「文在寅前代表は、失郷民（北朝鮮が故郷の人々）の子孫で、両親は朝鮮戦争の際に咸鏡南道《ハムギョンナムド》（北朝鮮北東部の行政区）の興南《フンナム》港から米軍の艦艇に乗って南にやって来た」とその出自を伝えています。

文氏本人も、選挙前に保守派へもアピールするため、「わたしは北朝鮮の共産主義が嫌いで避難してきた失郷民の息子だ」と主張しています。その一方、「大統領に就任したら北朝鮮と米国のどちらへ先に外遊するか」と別のインタビューで聞かれたときには、「ためらいなく言う。私はまず北朝鮮に行きたい」と答えたと報じられており、北朝鮮との親和性の高さをあらためて周囲に印象付けました。

金正恩にいくら秋波を送っても裏切られ続ける文在寅

こうした中、2017年5月10日に大統領に就任した文在寅は、「条件が整えば、平壌《ピョンヤン》も訪れる」と明言。南北首脳会談にも意欲を見せながら融和ムードを演出しました。

ところがわずか3日後、北朝鮮は中長距離弾道ミサイル「火星12号」を14日に発射。冷や水を浴びせられる格好となった新大統領は、「国連決議に違反する重大な挑発行為」と批判するしかありませんでした。文大統領はさらに、「朝鮮半島および国際平和に対する深刻な挑戦行為で、このような北の挑発と核による威嚇を決して容認しない」「我が軍は北朝鮮が武力挑発を行えば、直ちに懲罰する意志と能力を有している」との声明も出しています。

それでも、文大統領はこれまで、人道支援などをカードに南北の関係改善を図ろうと試みましたが、北朝鮮側の対応は相変わらずの〝マイペース〟です。文大統領の秋波に答える様子もなく、それどころか米韓合同軍事演習の中止や、前年に中国から集団で脱北したレストランの女性従業員ら13人の送還、さらには開城《ケソン》工業団地や金剛山《クムガンサン》観光の再開など、遠慮会釈なく要求を出し続けています。

振り返ると、文大統領が盧武鉉大統領以上に慕ったといわれる第14代大統領の金泳三氏も、政権発足当初は北朝鮮にラブコールを送り続け、「民族のほかに同盟に勝るものはない」と公言。南北統一へ向けて首脳会談も呼びかけました。

しかし、北朝鮮は翌月に核拡散防止条約（ＮＰＴ）から脱退してしまい、核開発に本格着手。朝鮮半島の緊張は一気に高まりました。このときは米国のクリントン政権が、北朝鮮への武力攻撃を本気で検討しましたが、一般市民の被害見積もりが60万人と計上され、金大統領が猛反発して寸前で止まったと言われています。

結局その後、金大統領は核放棄の呼びかけを続けるも、北から完全に無視され、最後は「（北朝鮮は）壊れたヘリコプターのようなものだ」とブチ切れ発言をした後、一転して強硬路線に切り替える羽目になりました。

文大統領がこれと同じパターンになるのではとの懸念が、韓国の政財界から出てくるのも致し方ないと言えるでしょう。文大統領はその後も、18年2月に江原道《カンウォンド》の平昌《ピョンチャン》で開催される冬季五輪で、南北の統一チームによる合同入場行進するというサプライズ構想をぶち上げるなど、懲りずに歩み寄りの姿勢を示しましたが、事前に北朝鮮とすり合わせた形跡もなく、単なる一方的な思いつきとの批判も出ています。

事実、お相手の北朝鮮は文大統領の提案に対し、政府見解としては何の反応も示していません。唯一、北朝鮮の張雄《チャンウン》国際五輪委員会（ＩＯＣ）委員が、「（文大統領の提案は）よく言えば天真爛漫、悪く言えば絶望的」と酷評。さらに、国際テコンドー連盟の張名誉委員長（北朝鮮）も、6

月に訪韓した際にその提案を韓国側の体育関係者らから要請され、「右から左に聞き流した」と小ばかにする発言をしています。辛辣すぎる北側の反応に、文大統領のメンツは丸潰れとなっています。

そうこうする中、ついに北朝鮮は7月4日、最後のタブーとされたICBM（大陸間弾道ミサイル）の発射を敢行。朝鮮中央テレビは「特別重大報道」を放送し、「ICBMの発射実験に初成功」と大々的に発表しました。

文大統領は、ICBMの発射そのものには批判声明を出しながらも、「（条件が整えば）いつどこでも金正恩委員長と会う用意がある」と演説するなど、相も変わらず南北首脳会談を呼びかけ続けていますが、国連が一致して制裁強化を進める中、勝手な行動が足並みを乱すとして、国際社会からは批判も出ています。

なにより、北朝鮮側は「核の問題は米国との問題」として、韓国の存在は完全に無視。新大統領である文氏との対話にも関心を示そうとしません。

ハンギョレ新聞は、韓国の大統領にまつわる法則性について、「任期5年の大統領は当選直後から約1年間が最も強力。2年目に入ると失望する人が少しずつ現れ、3年目には支持率が下落し始め、4年目にはレームダックがはじまり、5年目には植物政権となる」と伝えています。

世論調査機関「リアルメーター」によると、5月の就任直後に81・6％だった支持率は、6月二週までに7・4ポイント下がり、逆に政権発足当初10・1％だった不支持は8・6ポイントも跳ね上がっています。

金正恩氏からまるで相手にされていない文在寅大統領が、今後どのような方法で外交を打開し、どこへ国民を導こうとしているのか、その道筋は今のところ見えてくる気配がありません。

辺 真一（ぴょん・じんいる）

1947年東京都生まれ。明治学院大学文学部英文学科卒業後、新聞記者を経て、フリーのジャーナリストとして活動。82年、朝鮮半島問題専門誌『コリア・レポート』を創刊、現編集長。朝鮮問題の第一人者として、テレビ・ラジオなどで評論活動を展開している。主な著作に『「金正恩の北朝鮮」と日本』（小学館）、『在日の涙 間違いだらけの日韓関係』（飛鳥新社）など多数。

朝鮮半島の災厄が沖縄にやってきた

沖縄はやがて韓国・朝鮮の租界になる

シンクタンク「沖縄・尖閣を守る実行委員会」代表
惠 隆之介

韓国左翼と北朝鮮の工作員が沖縄を荒らしているという。その現状をレポートする

知られざる沖縄の現状

1945年12月、東京で県人左翼（主に共産党員）を中心に「沖縄人連盟」が結成された。同時期に設立された「朝鮮人連盟」と連帯することが目的で、自らを「第三国人」（いわゆる戦勝国民）と呼称し、朝鮮人連盟と共同して警察署を襲撃するなど破壊活動を行っていた（51年解散）。沖縄では歴史が甚だしく改ざんされており韓国朝鮮と沖縄は独立国であったものが日本国に侵略されたという思い込みがある。

ところで石垣市尖閣諸島沖における中国公船と我が国海上保安庁巡視船のせめぎ合いは全国的

に知られているが、沖縄県全域に在日韓国・朝鮮人が活動していることを国民には殆ど知らされていない。沖縄県警は在日や韓国籍の活動家を逮捕した際メディアに公表するが、「市民」としか報道しないからだ。

彼らの活動範囲は普天間基地県内移設先である本島名護市辺野古をはじめ、自衛隊配備が計画されている宮古、石垣両島にも及んでおり反対運動を展開している。活動家の中には韓国籍の者も少なくないと言う。本稿では辺野古《へのこ》地区（名護市）および高江《たかえ》地区（東村）における彼らの活動の実態をレポートしたい。なお在日韓国人の多くは関西から来県しており、在日朝鮮総聯合会（朝鮮総連）が中心であるという。

プロ市民と在日韓国人

辺野古に目を転じるとキャンプ・シュワブゲート前には反対派によってテント複数が道路沿いに常設されている。そこには反対派約200名前後が常時たむろしている。目的は工事の進捗を妨害するためであり、工事車両が基地内に進入しようとすれば一斉に動き出し通行を妨害するのだ。

マスコミや地元メディアは辺野古区民あるいは名護市民が行動しているかのように報道しているが、実は地元民は一人もおらず県民も二割前後である。あとは県外からの活動家、いわゆるプロ市民が大部分である。この県外から侵入して来た者の四割から五割を在日韓国人又は朝鮮人が形成していると言う（公安調査方関係者証言）。対照的に地元民は普天間基地受け入れに条件付きながらも賛成しているのだ。

2017年3月9日、参議院内閣委員会で和田政宗議員がこの反対運動の構成員について質問したところ、警察庁松本光弘警備局長が「平成二十七年以降、威力業務妨害事件等三十二件、延べ四十一人を逮捕している」として沖縄の基地反対運動の中に極左暴力集団（＝過激派）が入り込んでいるという、政府による初めての答弁がなされた。また3月21日、参議院「沖縄および北方問題に関する特別委員会」で、山田宏議員が沖縄反基地運動と外国人勢力の関係などについて質疑を行った。警察庁は「外国人4人を逮捕。全員が韓国籍」と回答しているのだ。

この結果、テント内には時々、韓国国旗が吊るされていたり、朝鮮語の合唱が聞こえてくることもある（地元住民証言）。また基地反対の横断幕やプラカードにハングルが使用される。最近まで、これら活動家は基地周辺で警察車両を含む通行車両を私的に停止させるなどの検問を実施している。とくに民間車両に対しては進路変更を迫り、あるいは米軍人車両に対しては進路を妨害し、ヘイトスピーチを浴びせているのだ。

在日韓国人の反日活動

一方基地正面向かい側に所在し、地元民が飲料に使用している貯水池がある。その岸側に面する林で反対派が頻繁に用を足しており、降雨時には屎尿《しにょう》が池に流入することが懸念されている。

このように反対派はすでに民衆の支持を失っているばかりか敬遠される存在になっているのだ。

以下は韓国籍の活動家が起こした公務執行妨害、および威力業務妨害である。合計4件発生しており3件を披瀝したい。

一、2015年9月22日、韓国籍、自称環境運動家キム・ドンウォンはキャンプシュワブ正面ゲート付近で警備中の警察官に暴行を加えた。

二、2016年8月11日、高江の県道で取り調べようとした警察官に対し、韓国籍の男性がバイクを急発進させて転倒させた。男はヘリパット工事現場付近警備中の警察車輌の通行を妨害したため、これを制止しようとした警察官に右腕を捕まれた状態にあった。

三、2016年9月6日午前9時58分、高江で警察車輌の通行を妨害したとして在日韓国人の女性が逮捕された。氏名はキム・キガン、滋賀県から来沖したという。

在日韓国人活動家は在日特権で我が国の生活保護を受けており、これを糧に活動している。なお彼らが逮捕されると名護警察署に勾留されるが、仲間100人前後が即時釈放を求めて同署の正面玄関に集結する。キム・ドンウォンの場合は、彼の妻が妊娠中で同行していることを強調していた。

沖縄をもてあそぶ朝鮮韓国集団

ここに北朝鮮との関わりも見えてくる。普天間基地の県内移設に反対する翁長雄志《おながたけし》沖縄県知事は２０１５年９月22日午後（現地時間）国連で演説し、「沖縄への米軍基地の集中は差別であり、沖縄県民の自己決定権や人権がないがしろにされている」と強調し、「自国民の自由、平等、人権、民主主義、そういったものを守れない国が、どうして世界の国々とその価値観を共有できるのでしょうか」と発言した。

翁長にスピーチの場を提供したのが反差別国際運動（ＩＭＡＤＲ）の共同代表である武者小路公秀国連大学元副学長である。武者小路は元沖縄大学学長の佐久川政一氏が代表を務める「金日成・金正日主義研究全国連絡会」の顧問でもある。北朝鮮と沖縄の関係は長く、１９７２（昭和47）年の日本復帰直後から朝鮮総連沖縄県委員長として金洙燮《キムスソプ》氏、夫人賢玉《ヒョクノ》氏が沖縄に居住し、地元メディアや教育界に対して盛んに工作活動を行っていた。彼らの工作は実を結び県民に北朝鮮シンパが定着したばかりか、パチンコ業界による北朝鮮への送金額も東京、大阪についで沖縄が3位を記録していた。

韓国では北朝鮮宥和策を推進する文在寅新政権が誕生しており、韓国左翼勢力はこれに沖縄を巻き込む戦略を展開している。

しかしこれはあくまでも県民自らの活動であるかのように装わせている。昨年8月、昭恵首相夫人が高江の反対派テントを訪ねたとき、沖縄平和センターの山城博治被告が案内することになっていたが、体調不良を理由に事務局長のパク・ホンギョン氏が交代している。パク氏は在日韓国人で教員定年退職者である。

一方、沖縄へのチュチェ思想の浸透もすすんでいる。2011年以降、「チュチェ思想新春セミナー」が那覇市内で毎年のように開催されているが、同時に日本本土との分断工作も進行している。1996（平成8）年12月頃より沖縄県では「平和、共生、自立」の言葉が地元メディアを通じて盛んに県内に流布され、97（平成9）年を「新生沖縄元年」と位置づけていた。県内の主な行事における県幹部の演説も、たいていこの文言から始まっていたのだ。

沖縄にでっち上げの慰安婦像を作る在日韓国人

私は何となくこのキーワードに異和感を抱いて調査したところ佐久川氏を頂点とするグループが日本本土からの分離を画策していることを発見した。そして沖縄の反基地運動において指導的地位にいる3人が、北朝鮮のチュチェ思想（主体思想）と密接な関わりがあるという事実が明らかになったのだ。そこで本件を保守系月刊誌に公表したところ、総理官邸や公安調査庁は衝撃を受けたという。

一方沖縄戦で犠牲になった朝鮮徴用工を慰霊するためとして「恨《ハン》之碑」が本島中部読谷村に2006（平成18）年に建立された。NPO法人「沖縄恨之碑の会」代表の安里英子《あさとえいこ》氏は「徴用工への沖縄県民加害者説」を主張しており、毎年6月23日、沖縄戦で犠牲になった沖縄住民を追悼する慰霊の日の前日には地元テレビを通じて県民に反省を促している。

韓国側による、日本と日本人を貶《おとし》める卑劣な工作活動もある。韓国系団体は現在、米国や欧州で慰安婦の像や碑の設置計画を進めているが、何と、08（平成20）年沖縄県・宮古島にひそかに慰安婦の碑を建設した。ソウルの日本大使館前に慰安婦の像を設置した反日団体と、日本の市民団体などが共同して私有地に建てたのだ。

韓国政府はこれをいかにも日本の地方自治体が公費で建てていたかのように喧伝した。ところが、米国から13（平成25）年7月、宮古島市に対して「貴市が慰安婦の碑を建てたのは本当か？」という問い合わせが来た。

7月といえば、米カリフォルニア州グレンデール市で韓国系団体の要請で慰安婦の像が建立され同州ブエナパーク市議会でも慰安婦の碑設置の可否が議論がされていた時期だ。韓国系団体によるブエナパーク市への慰安婦碑設置要請書類には「米国、韓国、日本の地方政府も、日本軍による性奴隷の碑を建立している」として、「沖縄、ソウル、パリセーズパーク、ニュージャージー」などと建築年順に記されていたという。

要するに韓国系団体などが「慰安婦の碑」を勝手に建立しておいて、それがあたかも日本の地方政府が主体的に建設した結果であるかのようにだまそうとしたのである。

さらに碑の近くの案内版には「史跡」と記されており、まるで公的機関による設置と誤解させるような意図も感じられる。さらに韓国福岡総領事ら3人は6月25日、宮古島を訪問し、当時の副市長に侮日論を展開したという。

「慰安婦の碑」完成の日、地元メディアも住民に「慰安婦を軽蔑した過去を反省する必要がある」というコンセプトの放送を流していた。

そもそもこの混乱の始まりは宮古島地元の共産党党員が自らの所有地を韓国の団体に寄付したことが主因である。韓国も北朝鮮もこのような県民の脇の甘さを狙っているものと思われる。

拡大する反日戦線

２０１７年5月13日、沖縄県那覇市内で、期せずして2か所で韓国系左翼団体による集会が開催された。一つは市内県青年会館で韓国親北朝鮮団体「全国民主労働組合総連盟」（いわゆる民主労総）メンバーや国内の米軍基地反対派が結集した。民主労総は、現在、慰安婦像と並んで戦時中日本に強制連行されたという徴用工の像の建設を目指している。

もう一つは、「沖縄にキャンドル・パワー 沖縄連帯集会」だ。朴前大統領を罷免に追いやった集会を引用しているのだ。韓国左翼活動家チョン・ジョンミは米軍高高度ミサイル防衛システム配備阻止を宣言、沖縄側代表はあろうことか普天間県内移設阻止と韓国民衆との連帯を主張していた。

ところで、1月24日から27日の間、「慰安婦少女像」を製作した韓国の彫刻家夫妻金運成《キムウンソン》氏と妻の曙炅《ソギョン》氏が初めて来県した。夫妻は沖縄戦の激戦地や米軍基地を外から観光した。曙炅氏はその感想として、「朝鮮半島も沖縄も戦争が続いている」と発言しており、14年済州島における基地建設反対闘争に言及したばかりか、「基地ができればそこから人の命が奪われる。日本から米軍がいなくなることで初めて、東アジアに真の平和が訪れる」と発言している。

さらに慰安婦問題にも言及し、韓国民の怒りは日本政府のみならず、昨年12月に合意を結んだ韓国政府にも向かっていると発言している。

夫妻は韓国ハンギョレ新聞社統一文化財団の資金と市民団体「キョレハナ」旅行会社の企画で来沖していた。ツアー名は「徐勝《ソスン》教授と共に行く第二回東アジア平和紀行　東アジア反基地運動の最前線　沖縄」（参加者30人）、徐は在日韓国人、立命館大学特任教授、ソウル留学中の1971年、北朝鮮のスパイと疑われ19年間拘留された経歴をもつ男である。前述の武者小路公秀氏との関係も深い。

「キョレハナ」は、「北朝鮮とは同胞」を標榜しており、北朝鮮とリンクしているのは確実である。釜山慰安婦像設置にむけて活動した中心的組織がこの釜山支部大学生組織でもある。

一方、2月3日には元朝日新聞記者植村隆氏が辺野古米軍キャンプ前で行われた基地反対集会に参加した。氏は所謂「従軍慰安婦問題」を虚報した記者で現在、韓国カトリック大学客員教授を務めている。その際、「日本が引き起こした戦争被害を否定する勢力に負けてはならない」と発言している。

氏は韓国で学生達が慰安婦像の撤去を阻止するため座り込みを断行する運動と、辺野古の抗議活動を「民主主義を守るための（共通の）戦い」と強調していたのだ。

沖縄の危機

米軍普天間飛行場移設の反対派のシンボル、沖縄平和運動センター議長沖縄出身、山城博治被告（64）＝傷害などの罪で起訴、保釈中＝が6月15日（日本時間16日未明）、国連人権理事会で次の趣旨の演説を行った。これをセットしたのも前述ＩＭＡＤＲである。

犯罪者が保釈中、海外に渡航し、その上、国連で演説するという前代未聞の事案である。それほどまで韓国北朝鮮の工作は巧妙になっているばかりか国際的な広がりを示している。しかも山城は沖縄出発直前、県庁で記者会見をも行っていた。

そもそも沖縄県庁が保釈中の犯罪者の記者会見を県庁内で行うのは常軌を逸している。山城被告のこれまでの行動こそは暴力や脅迫、機動隊への挑発の連続であり、まさに共謀罪の対象たりえるのではないだろうか。

その山城の国連での演説は偽りの連続であった。

「沖縄における米軍基地による人権侵害に対し、平和的な抗議運動を行っている山城博治です。日米両政府は沖縄の人々の強い反対にもかかわらず、新たな軍事基地を沖縄に建設しようとしています。市民は沖縄の軍事化に反対して毎日抗議活動を行っています。日本政府はその市民を弾圧し、暴力的に排除するために大規模な警察力を沖縄に派遣しました。

私は抗議活動の最中、微罪で逮捕され、その後、2回さかのぼって逮捕されました。勾留は5

か月間にも及びました。弁護士以外との接見を一切禁じられ、家族とも会うことを許されませんでした。私は自供と抗議運動からの離脱を迫られました。これらは当局による明らかな人権侵害です。しかし、私も沖縄県民もこのような弾圧に屈しません。私は日本政府が人権侵害をやめ、沖縄の人々の民意を尊重することを求めます」

一方、ジュネーブでは翁長知事、山城被告の活動は一定の浸透を示しているとの現地情報もある。そもそも当地は人口の40パーセント以上が外国人で、世界200か国近くの代表部、国際機関など様々の政治的集団やシンクタンク、NGOが所在している。ここでの住民の大部分が何らかの形で国際政治に携わる人たちにつながっているのだ。

例えば、慰安婦問題が世界に広まったのは、我が国が国際政治の場で有力な反論や工作をしてこなかったのが一因である。それは「沖縄」も同様で日本政府は効果的な対応をとっていないのである。我が国は国家としてこれまで沖縄をいかに優遇して来たかを国際社会にアピールすべき時が来ている。

我が国政府は国際世論の圧力に弱い。山城被告の国連におけるスピーチは韓国北朝鮮にとって有利に進行することは疑いない。慰安婦問題でも明らかなように、我が国政府は過去、性奴隷などの妄言を政府として国際社会には認めていると取られるように発言、謝罪し、女性基金などを設立するなど賠償の姿勢を示した。とりわけ朴政権にも十億円も供出した。

韓国は国際世論を反日に仕向け、我が国を孤立させ、圧力をかけることを狙っていると解される。慰安婦問題の次は沖縄の基地問題をターゲットにしている。

以上、我が国は先進国中、諜報機関がない唯一の国家であり、スパイ防止法もない。そういう国家が東京から1600キロメートルも離れた沖縄を統治するには限界に近いのではないだろうか。下手をすれば沖縄県民が韓国・朝鮮の人質にとられるのではないかと危惧されてならないのである。

※弊会「沖縄・尖閣を守る実行委員会」は、沖縄の危機に対処すべく活動致しております。ウエブサイト（http://okinawa-senkaku.com/）をご覧下さい。

恵隆之介（めぐみ・りゅうのすけ）

1954年沖縄コザ市生まれ。シンクタンク「沖縄・尖閣を守る実行委員会」代表。78年防衛大学校管理学専攻コース卒業。海上自衛隊幹部候補生学校、世界一周遠洋航海を経て艦隊勤務。82年退官。97年アメリカ国務省プログラムにて国際金融、アメリカ軍事戦略等研修。現在積極的な執筆、講演等を展開している。著書に『宝島社新書　沖縄を豊かにしたのはアメリカという真実』などがある。

朝鮮半島という災厄

2017年8月10日 第1刷発行

著　者　ケント・ギルバート、遠藤誉、高永喆ほか
発行人　蓮見清一
発行所　株式会社宝島社
〒102-8388
東京都千代田区一番町25番地
電話　営業　03-3234-4621
編集　03-3239-0646
http://tkj.jp
印刷・製本　サンケイ総合印刷株式会社

ISBN 978-4-8002-7538-7